说创新的话，想创新的问题，做创新的事，养创新品格

创新力是这样炼成的

——发明创新基础训练

皮发万 编著

知识产权出版社
全国百佳图书出版单位

图书在版编目（CIP）数据

创新力是这样炼成的：发明创新基础训练/皮发万编著．—北京：知识产权出版社，2019.9

ISBN 978-7-5130-6418-7

Ⅰ.①创…　Ⅱ.①皮…　Ⅲ.①创造教育—中小学—教学参考资料　Ⅳ.①G632.0

中国版本图书馆 CIP 数据核字（2019）第 185778 号

内容提要

本书以提高学习效率、学校成绩和综合素质为重点，引导学生把节约的学习时间和精力应用到发明创新基础训练中去。在发明创新基础训练中，提出了“说创新的话，想创新的问题，做创新的事，养创新品格”的“说想做养”四字训练方法。在创造学理论、方法的基础上，对培养学生创新思维、创新方法、跨界解决问题的能力等方面的方法进行了大胆的探索和创新。本书的出版，对于开展学生发明创新基础训练具有重要意义。

责任编辑：韩婷婷　　**责任校对**：潘凤越
封面设计：张　悦　　**责任印制**：刘译文

创新力是这样炼成的
——发明创新基础训练
皮发万　编著

出版发行：知识产权出版社有限责任公司　网　址：http://www.ipph.cn
社　址：北京市海淀区气象路 50 号院　邮　编：100081
责编电话：010-82000860 转 8359　责编邮箱：176245578@qq.com
发行电话：010-82000860 转 8101/8102　发行传真：010-82000893/82005070/82000270
印　刷：北京虎彩文化传播有限公司　经　销：各大网上书店、新华书店及相关专业书店
开　本：880mm×1230mm　1/32　印　张：7.625
版　次：2019 年 9 月第 1 版　印　次：2019 年 9 月第 1 次印刷
字　数：190 千字　定　价：30.00 元
ISBN 978-7-5130-6418-7

发明创新基础训练的主要效能
是抓教学质量和学校成绩

很多人认为，发明创新基础训练就是做发明作品参加科创赛，除此之外，没有别的功能。这是一种错误理解！由于青少年缺乏发明创新的专业知识和经验，要想在发明创新作品方面取得突破性进展，非常不容易，这无异于是用青少年的短处去比发明创新基础训练的长处。

创造力传统测量法的学校成绩的测量、考核方式是“定时定量”，不利于发挥学生特别是学优生的禀赋才能。发明创新基础训练除了做发明作品参加科创赛以外，还可以改变创造力传统测量法的学校成绩的测量、考核方式，通过考试时用“定时不定量”、平常作业时用“定量不定时”计算学校成绩的方法，开展创新思维速度、学习效率、思维力的“大小”要素或专注力训练竞赛，达到提高学校教学质量和学校成绩的目的。这是发明创新基础训练的主要效能。

多劳多得是社会主义的分配原则。学习资源非常丰富，完全不用担心会发生学习资源穷竭的状况。所以，发明创新基础训练的主要效能是抓教学质量和学校成绩。应鼓励青少年多学多得，当青少年建立了发明创新的知识库之后，取得发明创新成果就会水到渠成。

英国哲学家约翰·洛克说："学到很多东西的决窍，就是不要一下子学很多的东西。"为了帮助青少年一点一点地、系统地学习发明创新基础知识，我们按照"说创新的话，想创新的问题，做创新的事，养创新品格"四个章节，编著了这本书。考虑到青少年学习的需要和学校教学实际，本书既可以作为青少年科技创新教育的读本，也可以作为参考教材，建议课内教学时数为32~48学时。辅导老师可以根据实际情况按照第一步导入课题，明确目标任务；第二步让青少年自主学习，合作探究；第三步展示交流，相互答疑；第四步精讲提示，生成结论与规律；第五步，当堂检测，信息反馈；第六步课后反思，查缺补漏。该六步教学法可以在教学中进行删节。

本书在编著过程中参阅了刘昌明、赵传栋、曾国平、林长春、肖云龙、王道渝、闵卫国、许长荣、问道等学者及网上一些不知名学者的观点。本书编者得到了中国宋庆龄基金会、中国宋庆龄青少年科技文化交流中心、重庆市知识产权局、重庆市发明协会以及很多中小学校的大力支持，在此深表谢意！由于作者水平有限，书中难免有许多错误和不足，衷心希望使用本书的青少年和从事科技创新教育的专家指正和赐教。

作者

2019年9月

目录

第一单元　说创新的话 …………………… 001

第一章　发明与创新 / 001

第一节　什么是发明 / 001

第二节　什么是创新 / 005

第三节　评选发明作品的标准 / 016

第四节　创新与个人利益 / 019

第二章　说话训练 / 022

第一节　讲幽默笑话 / 023

第二节　讲偷换概念的笑话 / 026

第三节　创新名言、格言、警句 / 030

第二单元　想创新的问题 …………………… 036

第一章　创新方法 / 036

第一节　和田十二法 / 037

第二节　组合创新法 / 059
第三节　列举法 / 070
第四节　想象和联想创新法 / 079
第五节　移植和仿生创新法 / 091
第六节　逆向思维和废物利用创新法 / 102
第七节　奥斯本检核表法和头脑风暴法 / 109
第八节　专利文献创新法 / 116
第二章　创新思维 / 120
第一节　发散思维 / 120
第二节　集中思维 / 136

第三单元　做创新的事 ………………………… 149
第一章　训练解题时间 / 149
第一节　思维力的“三要素” / 149
第二节　学校成绩新概念 / 153
第三节　古人识人的方法 / 156
第四节　影响学习效率的因素 / 160
第二章　科学方法 / 163
第一节　科技小论文的特点 / 163
第二节　科技小论文的分类 / 165
第三节　科技小论文写作中常见的问题 / 167
第四节　怎样撰写科技小论文 / 170

第五节　怎样选好科技小论文的题目 / 172
第三章　动手能力 / 172
第一节　小制作 / 173
第二节　人工智能（编程）/ 176
第三节　创客教育 / 179
第四节　STEM 教育 / 180

第四单元　养创新品格 ………………………………… 182
第一章　创新品格是创新力的统帅 / 183
第一节　品格决定成就 / 183
第二节　优秀创新品格的主要内容 / 198
第二章　修养创新品格 / 214
第一节　开发智力因素修养创新品格 / 215
第二节　开发非智力因素修养创新品格 / 227

参考书目 ………………………………………………… 236

第一单元

说创新的话

发明创新离不开知识与经验的积累，不积累知识与经验却想获得发明创新成果，那是不可能实现的。学习发明创新可以从说话开始。

第一章 发明与创新

“创新”是一个全世界都流行的词汇，它也是我国改革开放以来，特别是近些年来使用频率很高的一个词汇。当别人问你：什么是发明？什么是创新？你怎么回答呢？

第一节 什么是发明

发明，《辞海》的解释是：“创制新的事物，首创新的制作方法。”法律用语是：对产品、方法或者其改进所提出的新的技术方案。包括产品发明、方法发明或者其改进发明。

中南大学教授、《创造学》引入与传播学者之一肖云龙先生在他的《创造学》一书中认为，发明是人类利用自然规则创造出某种人工事物，而这种人工事物在没有发明之前是不存在的。比如，青霉素药品、电灯、复印机、电子计算机等，都是人工事物，是发明成果。

根据形态划分，发明分产品型发明和方法型发明两种类型。比如，机械、仪表、器械、合成物、生活用品等，这些都是产品型发明；而各种机械加工方法、化学反应方法、植物育种方法、食品制作方法等，都是方法型发明。

根据技术演变划分，发明分为开创性发明和改进性发明两种类型。比如，世界上的第一台蒸汽机、第一台电动机、第一台电子计算机、第一支圆珠笔等，就是开创性发明；而电子点火旋流燃气灶相对手动旋流燃气灶、自动洗衣机相对手动洗衣机、齿轮转动车床相对皮带转动车床等，就属于改进性发明。

发明有广义和狭义之分。广义的发明是指所有新颖的、独特的、具有一定社会意义和价值的技术成果，包括那些未获专利的技术创新或革新成果。广义的发明是指创造自然界原来没有的事物，强调“首创”；狭义的发明是指《中华人民共和国专利法》（以下简称《专利法》）所承认的“对产品、方法或者其改进所提出的新的技术方案”。它具有较高的实用价值，可以带来较明显的经济效益，可以获得专利权。

为了简单好记，中小学生可以把发明理解为：无中生有，创造出原来没有的东西。

发明的范围比创新的范围窄。并不是只有蒸汽机、电动机、计算机、电冰箱、彩色电视机等，这些大事物才算发明；而我们身边的小事物，比如，锅、碗、瓢、盆、筷子等，也是发明。

例 1 锅

在很久以前，古人发明了最早的容器——陶制的鼎，无论是三足还是四足的鼎，只要是能吃的食物，都丢入鼎内，然后在鼎的底部生火，将食物煮熟，成为一大锅的食物。这就是最早的锅。到了西周，人类不仅发明了铜与铁，而且还将各种陶器改良制成较为小型的器皿，以适合一般人使用。铜与铁的产生，带来了器皿的革命，当时人们使用的锅也与近代的锅非常相近。鼎最后延伸成为了权力的象征。

例 2 碗

碗作为人们日常必需的饮食器皿，它的起源目前不可考，但是可以追溯到新石器时代泥质陶制的碗。它的形状与当今的碗并无多大的区别，即口大底小，碗口宽而碗底窄，下有碗足，高度一般为口沿直径的二分之一，多为圆形，极少方形。碗不断变化的只是质料、工艺水平和装饰手段。碗一般用于盛装食物。碗因为其体积比锅、盂小而可用手端盛，它上阔下窄的形态，放在平地上是不稳定的，据此考古学家推测，古人对碗的使用，最初可能是放在地上挖出的坑之内的。

制作碗的材料有陶瓷、木材、玉石、玻璃、琉璃、金属等。

例 3 瓢

早些时候，大家经常使用葫芦水瓢。把葫芦从中间剖开，然后再把里面的瓤去掉，就成了水瓢。葫芦水瓢特别轻，还带着天生的“把柄”，所以人们使用起来比较顺手。后来，人们模仿葫芦水瓢的形状，利用各种不同的材料，比如木材、铁、铜、锑、塑料、不锈钢等，做成了各种不同材质的瓢。

例 4 盆

盆，是专指用来盛放物品的钵状容器，因其形状要比钵大，故而称为盆。盆是谁发明的，无从考证，但是盆也是一项发明。盆的用途主要是把它所盛装的内容物再分装给盘、碗等更小的器皿，这是它的字形从“分”的原因。

例 5 筷子

中国是筷子的发源地，以筷进餐少说已有 3000 年的历史。筷子看起来只是非常简单的两根小细棒，但它有挑、拨、夹、拌、扒等功能，而且使用起来很方便，且价廉物美。筷子也是当今世界上一种独特的餐具。凡是使用过筷子的人，不论华人还是外国人，无不钦佩筷子的发明者。筷子是谁发明的？现在找不到文字资料，只有“史无记载”四个字。当然，研究筷箸文化也不是找不到旁证资料。筷子起源的传说有三个，一个是姜子牙与筷子，另一个是妲己与筷子，还有一个是大禹与筷子。

不论年龄或性别，每个人都可以发明。无数事实证明，任何发明都是创造出的新事物或新方法。“发明问题的解决理论（TRIZ）”把发明分为最小型发明、小型发明、中型发明、大型发明和特大型发明五个等级。发明都是以先前存在的理念为基础的。新发明虽然有所不同，但通常是踩在前人的肩膀上得来的。从这个角度上讲，知识是发明的基础，发明需要知识。过去之所以我们对发明的认识有一种神秘感，是因为我们对发明的认识还停留在狭义的理解上，忽略了广义的发明概念的存在。

第二节　什么是创新

创新，《现代汉语词典》的解释一是指“抛开旧的，创造新的”；二是指“创造性”。“创造性”是“努力创新的思想和表现”或“属于创新的性质”。

“创新”的英文是“Innovation”，原含义有三层：一是创造新的东西，就是创造出原来没有的东西；二是更新，就是对原有的东西进行替换；三是改变，就是对原有的东西进行发展和改造。

站在中小学生的角度，创新是指在没有明确的方向，也没有远大目标的情况下，漫无目的地读书，从读书中发现、提出问题，然后根据自己发现、提出的问题有针对性地读书，找到解决问题的方法，并经过实践的检验而获得的符合自然规律的新事物或新方法。

“创新”与“守旧”是相对的。创新不一定非得是全新的东西。说别人没有说过的话，想别人没有想过的问题，做别人没有做过的事，这即是创新。旧的东西以新的形式出现，把旧的东西包装一下，旧的东西或以新的方式重新组合，给旧的东西赋予新的内涵，这也是创新。有的东西之所以被称为“创新”，是因为它改善了我们的工作和生活质量，有的是因为它提高了我们的工作效率，有的是因为它巩固了我们的竞争地位，有的是对我们的经济、社会和科学技术产生了根本性的影响。所以，我们称之为“创新”。

创新除了我们刚才讲的新事物或方法以外，还包括符号、公式、概念、定律、定理、法则等，都可以创新。

创新的含义大于发明，比发明的含义要宽泛。创新既包括发明（无中生有，创造出原来没有的东西），也包括对原有的东西（过去的发明）进行更新和替换、发展和改造，产生新的效益。

一、创造新的东西，就是创造出原来没有的东西

例 1 贝尔发明电话

1847年3月3日，贝尔出生在苏格兰的爱丁堡。贝尔是一个善于思考问题和有坚定意志的发明家，他从小就很爱动，喜欢拆装一些玩具或解剖小动物。后来，他考入爱丁堡大学，毕业后又进了伦敦大学研究声学。之后他又来到美国，加入了美国国籍，在波士顿大学任语音学教授。

为了解除聋哑人的痛苦，贝尔决定研究一种为耳聋者使用的“可视语言”。他设想：在纸上复制出人的语言声波的振动曲线，使耳聋者从波形曲线看出“话”来。由于曲线不易识别，这个设想失败了。但是在实验的时候，贝尔却意外地发现了一个有趣的现象：当电流接通或断开时，螺旋线圈会发出噪声，就像发送莫尔斯电码的“嘀咕”声音一样。这个现象使长久以来就在思考怎样用电流来传递声音的贝尔茅塞顿开，他的脑海中出现了一个大胆的设想：如果能把说话时的空气振动变成电流的流动，用电流强度的变化来模拟声波的变化，用导

线把电波送出去，再把电波还原为声波，那么用电传送语音不就可以实现了吗？这一思想就成了贝尔后来设计电话的理论基础。经过几年的努力，电话终于实验成功了，历史记录了这一难忘的时刻：1875 年 2 月 14 日，贝尔获得了电话机的发明专利。

世界上第一部电话机的诞生，它既是发明，也属于创新。

例 2 鲁班发明锯

有一次，国王命令鲁班在 15 天内伐出 300 根梁柱，用来修建一座大宫殿。于是，鲁班带着徒弟们上山了。他们起早贪黑，挥起斧头，一连砍了 10 天，一个个累得精疲力尽，结果只砍伐了 100 来棵大树。

这时，砖瓦石料都已备齐，国王选定动工的黄道吉日也快到了。如果动工时木料准备不齐，是要被处死刑的。怎么办呢？晚上，鲁班躺在床上翻来覆去地睡不着。他爬起来，深一脚浅一脚地向山上走去。抬头望望，启明星向他眨着眼睛，天快亮了。

突然，鲁班觉得手被什么东西划了一下，抬手一看，长满老茧的手划出一道口子，渗出了血珠。他仔细地在周围观察，原来是茅草划的。鲁班很惊奇，他摘了一片草叶，发现草叶边缘上长着许多锋利的细齿。一转身，他又看见一只大蝗虫正张着两个大板牙，很快地吃着草叶。鲁班捉了只蝗虫一看，它的板牙上也有利齿。看看茅草的叶子，再看看蝗虫的大板牙，他心里豁然开朗。他用毛竹做了一条竹片，上面刻了很多像茅草叶和蝗虫板牙那样的锯齿。用它去拉树，只几下，树皮就破了，再一用力，树干出现了一道深沟。可是，时间一长，竹片上的锯齿不是钝了，就是断了。这时，鲁班想起了铁。他跑下山去，请铁匠按照自己做的竹片打了带锯齿的铁条，用它去拉树，真是快极了！

这铁条，就是锯的祖先。有了它，鲁班和徒弟们只用了10多天，就砍伐了300根梁柱。

鲁班发明锯，就是创造出原来没有的东西，既是发明，也是创新。

二、更新，就是对原有的东西进行替换

例① 石油可以用天然气替换，天然气可以用可燃冰替换

近年来，汽车消费猛增，人们不得不疯狂地大面积开采石油，使得石油资源越来越少，汽油价格越来越高，而且汽油的使用还会排放出大量的“尾气”，给环境造成致命的污染。于是，科学家通过多年的研究，发现可以用天然气替换石油作为能源。后来，科学家又发现可以用可燃冰来替换天然气作为能源。

用天然气替换石油作能源，用可燃冰替换天然气作能源，就是对原有的东西进行更新、替换，是创新的现象。

例② 洗漱用的脸盆，用其他材质替换

家里洗漱用的脸盆，是木材做的，可用不锈钢、塑料、锑、铁、铜、搪瓷等替换。

用不锈钢、塑料、锑、铁、铜、搪瓷等替换木材生产脸盆，就是对原有的东西进行更新、替换，是创新的现象。

三、改变，就是对原有的东西进行发展和改造

例① 改变物体的颜色或形状

家里用的脸盆，是白色的，改变其颜色或形状；气球是白色

的，改变其颜色或形状；脚上穿的鞋子，改变其颜色或形状……就是对原有的东西进行发展和改造，也是创新的现象。

例 ② 悬柄瓢

一次，湖南的骆剑舞同学无意中将塑料水瓢碰落到水缸里了，正当他要从水缸里捞瓢的时候，他发现水瓢虽浮在水面上，但瓢柄却插进水里了，想拿出瓢就必须把手伸进水里，这多不卫生啊！如何改进呢？后来他联想到小朋友玩的“不倒翁”，并从中受到启示。在塑料瓢柄对面的瓢体部位附加一个适当的重块，这样，不管是空瓢还是盛水的瓢落水后，瓢柄总是向上翘着让你随手可握，既方便又卫生。这项小发明不仅获得第六届全国发明展金奖，而且还在宋庆龄少年儿童发明奖的比赛中获得金奖。

骆剑舞同学由旧水瓢发明出悬柄瓢，这也是对原有的东西进行发展和改造，也是创新的现象。

四、创新符号、公式、概念、定律、定理、法则

1. 创新符号

例如，创新号。

创新号是一种新的符号，即代表创新的符号，类似于人民币有“￥”号、等于有“=”号一样的意思，又可以应用于提示创新、发明创造、思维训练等；创新号属于没有定势的符号，

创新号的后面没有标准答案，只有合理或能被大部分人认可或经得起实验的解。

浙江省衢州市的杨远锋运用组合创新法，取问号“?”和等号“=”的各一半，发明了“?”创新号。

“?”有兼容之意，即在未获得解之前，可以代表各种符号，比如，等于、大于、不等于、小于等；各种创新方法，比如，常见的组合法、列举法、仿生法、萃智理论（TRIZ）、奥斯本核检表法等；各种定律、效应、物质、元素、环境等。又可以应用于提示创新、发明创造、思维训练等。

人民币有人民币的符号，等于有等号……创新应该有创新号“?”，这是符号的创新。

2. 创新公式

例如，思维速度（学习效率）= 学校成绩÷学习时间。

创造力传统测量法的“学校成绩”概念是“表示学生在考卷上所答对的分数”。

把“路程 = 速度×时间”这个公式移植到“学校成绩”这个概念上来，把“路程”联想成知识在大脑里的迁移即“学校成绩”，把“速度”联想成“思维速度”或“学习效率”，把“时间”联想成“学习时间”，于是就出现了新的公式：学校成绩 = 思维速度（学习效率）×学习时间。

因此，我们质疑创造力传统测量法的“学校成绩”概念是“表示学生在考卷上所答对的分数”是不科学的，比较准确的创造力传统测量法的“学校成绩”概念是“学校成绩 = 思维速度（学习效率）×学习时间”。

3. 创新概念

例如，桥。

1985 年，沈阳市修建文化路立交桥时，一位从农村到沈阳看望上大学女儿的老大娘，对着雨后泥泞难走的路大发感慨：真是不明白城里人，没有河，修什么桥啊？可见，桥在她的心目中与河是连在一起的。

“桥”这个概念在今天已经被无数次地挑战过，所以才有了地图上琳琅满目、异彩纷呈、美丽如画的立交桥。心脏有搭桥手术，婚介所有鹊桥，车站有天桥，游戏有桥牌……正因为有了这些新概念，传统的“桥”的概念已经被人们更新，代之以适用范围更广的“桥”的概念了。这是概念的创新。

4. 创新口诀

例如，我们的乘法口诀是 1×1～9×9 的乘法，简称《九九乘法口诀表》，在我们的心目中已经非常完美了，是不可能创新的。

印度的口诀是先将被乘数与乘数的个位数相加，然后将之乘十；再把被乘数的个位数与乘数的个位数相乘，最后把两组数加起来就得出答案。

比如，13（被乘数）×12（乘数）=？印度人是这样算的：

第一步，把“13”跟乘数的个位数“2”加起来，13+2=15；

第二步，把第一步的答案乘以 10（也就是说后面加个 0）；

第三步，把被乘数的个位数“3”乘以乘数的个位数“2”，2×3=6；

第四步，（13+2）×10+6=156。

就这样，用心算就可以很快地算出 11×11～19×19 的乘法结果啦。这是乘法口诀的创新。

五、说别人没有说过的话，想别人没有想过的问题，做别人没有做过的事

1. 说别人没有说过的话

例 1 我与您是世代友好往来的亲戚关系

说到亲戚关系，人们想到的都是外公、外婆，舅舅、舅妈，姨父、姨妈，姑父、姑妈等，这是传统的亲戚关系。

在《孔融见李膺》的故事中，李膺问孔融："请问，你与我有何亲戚？抑或是你父祖辈与我有过交往？"孔融回答："从前，我的先人仲尼（孔子，字仲尼）与您的先人伯阳（老子，李耳，号伯阳公）有师友之交，这样算起来，我和大人也算是世家通好吧？"

孔融不是从普通的亲戚关系出发，而是利用孔子曾经拜老子为师的事实，把自己与李膺八竿子都打不着的关系一下子扯到了"世家通好"的亲戚关系上来。这既不是创造新的事物或方法，也不是抛开传统的，创造新的，只是说了一句别人没有说过的话，从广义的角度讲，也是"创新"的现象。

例 2 中国银行有多少钱

1950 年，人民币还没有 100 元、50 元、20 元一张的面值，只有 10 种面值，即 10 元、5 元、2 元、1 元；5 角、2 角、1 角；5 分、2 分、1 分，加起来是"一十八元八角八分"，不是新鲜事，是旧闻。

有一次，周总理举行记者招待会，介绍我国的建设成就。一位外国记者问周总理："中国银行有多少钱？"这位记者提出这样的问题，有两种可能性，一种是嘲笑我们国家穷，实力差，国库空虚；另一种是想刺探我们的经济情报。在这样的外交场合，周总理怎么回答？回答多了，我们并没有那么多钱；实事求是地说，我们的钱又确实太少。他幽默地说："中国银行嘛，共有一十八元八角八分。人民币是中央人民政府发行的货币，具有极高的信誉。"

在场的中外人士经过短暂的惊讶后，立即钦佩地报以热烈的掌声。

面对外国记者的挑衅，周总理的回答既没有创造新的事物或方法，也没有抛开旧的，创造新的，只是以人民币的面值作答，从广义的角度讲，周总理讲的这句话，也是"创新"的现象。

2. 想别人没有想过的问题

例 1 "姆佩姆巴效应"

1963 年，坦桑尼亚的马干马中学初三学生姆佩姆巴发现，在电冰箱冷冻室里，自己放的热牛奶比其他同学放的冷牛奶先结冰。这令他大惑不解，他立即跑去请教老师。老师则认为，肯定是姆佩姆巴搞错了。姆佩姆巴只好再做一次实验，结果与上次完全相同。

不久，达累斯萨拉姆大学物理系主任奥斯玻恩博士来到马干马中学。姆佩姆巴向奥斯玻恩博士提出了自己的疑问，后来奥斯玻恩博士把姆佩姆巴的发现列为大学二年级物理课外研究课题。随后，许多新闻媒体把这个非洲中学生发现的物理现象称为"姆佩姆巴效应"。

姆佩姆巴的发现，既不是创造新的事物或方法，也不是抛开旧的，创造新的，只是想到了一个别人没有想到的问题，从广义的角度讲，这也是“创新”的现象。

例 ② 爱迪生孵小鸡

有一次，到了吃饭的时候，仍不见爱迪生回家吃饭，爱迪生的父母很着急，四处寻找，直到傍晚才在场院边的草棚里发现了他。父亲见他一动不动地趴在放了好些鸡蛋的草堆里，就非常奇怪地问：“你这是干什么？”小爱迪生不慌不忙地回答：“我在孵小鸡呀！”原来，他看到母鸡会孵小鸡，觉得很奇怪，总想自己也试一试。此时，父亲又好气又好笑地将他拉起来，告诉他，人是孵不出小鸡来的。在回家的路上，他还迷惑不解地问：“为什么母鸡能孵小鸡，我却不能呢？”

“为什么母鸡能孵小鸡，我却不能呢？”爱迪生想到的这个问题，是别人没有想过的一个问题，这既不是创造新的事物或方法，也不是抛开旧的，创造新的，从广义的角度讲，也是“创新”的现象。

3. 做别人没有做过的事

例 ① 曹冲称象

在《曹冲称象》的故事中，孙权派人送来一头大象，曹操想知道这头大象的重量，便询问他的下属，但是他的下属却都想不出称象的办法，这是“旧的”。

年仅六岁的曹冲，利用“漂浮在水面上的物体的重量等于水对物体的浮力”这一物理原理，解决了一个连许多有学问的成年人都无法解决的大难题，这不能不说是一个奇迹。可是，在公元200年，虽然阿基米德原理已经被发现了500年，但这一原理直到1627年才传入中国，曹冲在当时是不可能知道阿基米德原理的，更不用说浮沉条件了。

曹冲称象的方法运用的是“等量替换”的法则。即用许多石头代替大象，在船舷上刻划记号，让大象与石头产生等量的效果，再一次次地称出石头的重量，使“大”转化为“小”，分而治之，这一难题便得到了圆满的解决。

曹冲称象，既不是创造新的事物或方法，也不是抛开旧的，创造新的，而是做了一件别人没有做过的事情，从广义的角度讲，也是“创新”的现象。

例 2 于连铜像尿啤酒

哈罗啤酒厂的市场份额正在一年一年地减少，因为啤酒销售不景气而没有钱在电视或报纸上做广告。销售员林达多次建议厂长到电视台做一次演讲或做广告，但都被厂长拒绝了。林达决定冒险做自己想做的事，他贷款承包了厂里的销售工作，正当他为怎样去做一个最省钱的广告而发愁时，他徘徊到了布鲁塞尔市中心的于连广场。广场中心的一尊铜像启发了他，广场中心撒尿的男孩铜像就是用自己的尿浇灭了侵略者炸城的导火线从而挽救了这个城市的小英雄于连。林达突然想到了他要做的一件让所有人都想不到的事情：

第二天，路过广场的人们发现于连的尿变成了色泽金黄、泡沫泛起的“哈罗”啤酒，旁边的大广告牌子上写着“哈罗啤酒免费品尝”的广告语。就这样，一传十、十传百，很快全市老百姓都从家里拿出自己的瓶子、杯子

排成队去接啤酒喝。电视台、报纸、广播电台争相报道。年底结算，该年度的啤酒销售量是上一年的 18 倍。

于连铜像尿啤酒，既不是创造新的事物或方法，也不是抛开旧的，创造新的，而是做了一件别人没有做过的事，从广义的角度讲，也是“创新”的现象。

创新的范围非常广泛，我们不能整天埋头于做发明作品参加科创赛，把创新的范围理解得很窄，只有拓宽视野，树立广泛的创新意识，才能取得好的学习效果和创新成果。

创新与知识的关系是知道越多，创新越多。今天多学一点知识，明天就少一句求人的话，就多一线发现问题、解决问题的希望。

第三节　评选发明作品的标准

我们在发明创新基础训练中有了发明创新作品后，就会迫切地想知道自己的发明作品质量好不好，参加青少年科技创新大赛或宋庆龄少年儿童发明奖评选能不能获奖，能不能申请专利。这种心情是可以理解的。衡量一件发明作品质量好不好、能不能申请专利的依据是看其创造性、新颖性和实用性三个特点。参加青少年科技创新大赛或宋庆龄少年儿童发明奖评选能不能获奖，除了看这三个主要特点以外，还要看参与度。

一、创造性

申请专利的创造性是指我们发明的作品在科学技术水平上超过同类技术成果。我国《专利法》的解释是：同申请日以前已有的技术相比，该发明具有突出的实质性特点和显著的进步，实用新型具有实质性特点和进步。具体地说，就是一项发明的创造性表现在它解决了某个技术难题，使用起来更便利，或者改进了原来的工艺流程，使用了新的技术方案，使产品性能有所提高，用途增多，节约了原材料。如果一项新的技术成果用起来很笨，制造起来很费事，那么即使这项成果具有新颖性，也不能称之为发明。

宋庆龄少年儿童发明奖评选的创造性是指同已有的技术相比，具有突出的实质性特点和显著的进步。即突破常规，具有进步意义，比如，降低成本、扩大用途、延长寿命、提高效率、加快速度、缩小体积、减轻重量等。具有创造性的发明作品具有设计方案合理、解决方法精巧、考虑问题细致全面、运用的技术先进等特点。

二、新颖性

申请专利的新颖性是指在提出这项发明之前，或是在申请专利之前，没有出现过同样的东西或是同样的方法，而且这项发明并没有向公众公开过，就叫具备“新颖性”。

宋庆龄少年儿童发明奖评选的新颖性是指在国内没有公开使用过，在国内外出版物上没有公开发表过。一般而言，原创型、改进型、改良型、革新型等作品，因与他人作品完全不同或不完全相同，均具有新颖性。

三、实用性

我国《专利法》中的实用性是指发明或实用新型能够制造或者使用，并能产生积极效果。因此，具有实用性的发明不仅要符合科学规律，而且还要满足社会需要。如果一项发明成果生产出来，却对社会现实生活毫无用处，或者有用处但是价格昂贵，人们买不起，无法推广使用，那么这项发明成果就得不到社会认可，就不具有社会意义和价值，也称不上发明。

宋庆龄少年儿童发明奖评选的实用性是指作品选题有意义，能制造，能使用，能产生积极效果。宋庆龄少年儿童发明奖评选规定，学生申报的发明作品，必须是已经实施，并且确保能解决问题的技术方案，有实物图片和实物视频。一般而言，根据技术方案，无法制造，或制造出来的产品达不到预期效果，即为不实用。违背自然规律，危害有生命的人或者动物，明显无益、脱离社会需要的发明均属于不实用发明。

四、参与度

参与度是指我们在参加评选的发明作品的选题、设计、实施、检验、评估、改进等活动中的投入程度。只有对发明创造的实质性特点做出创造性贡献的人才算是发明人。一般而言，我们在科技活动和日常生活学习中参加发明活动离不开教师的辅导、家长的帮助及专家的指点，但有的同学在发明活动中不参与、不作为、不知情，甚至将他人成果当成自己的成果参加评选。

参与度评分是根据发明作品的选题是否符合我们的实际估测我们参与的可能性多少而进行的评分。目的是避免、摒弃不是我们本人的发明作品获奖，鼓励我们的发明作品选题符合我们的生活实际，鼓励我们自己发现问题、提出问题、分析问题、解决问题、持续改进，突出我们在青少年科技创新大赛和宋庆龄少年儿童发明奖活动中参与的主体地位。

第四节　创新与个人利益

创新能够改变命运，尤其是别出心裁的创新，常常让人时来运转，心想事成。

例 1 创新改善我们的生活

信息技术的广泛应用提高了人们的工作效率和生活质量，人们的工作方式和学习方式也正在发生转变。我们足不出户就可以知道天下事，人不离家照样可办很多事。一部分人由原来的按时定点上班变为可以在家上班，网上看病、网上授课、网上学习、网上会议、网上购物、网上洽谈生意、网上娱乐等已经成为人们的一种新型的生活方式。网络技术及多媒体技术在教学上的应用，使我们的学习内容更加丰富，学习方式更加灵活。

网上购物方式也以方便、高效、价优的特点越来越受到人们的欢迎。由于网上商品省去了租店面、招聘雇员及储存保管等一系列费用，总的来说，其价格较一般商场的同类商品更便宜。同时还可以在家“逛商店”，订货不受时间的限制。现在的时尚男女，由于白天工作繁忙，没有更多的时间去逛商店，所以网上购物便成为了首选。他们可以在网上尽情地挑选，也不受时间的限制。

网上购物突破了传统商务的限制，无论对消费者、企业还是市场都有着巨大的吸引力和影响力，在新经济时期无疑是达到“多赢”效果的理想模式。总之，我们从来没有像今天这样需要互联网，也没有哪种技术像互联网和现代通信那样使人们变得如此接近，使我国和世界变得如此接近。信息技术的发展改变着世界，使人类对未来的许多幻想变成了现实。

例 2 创新巩固我们的竞争地位

有一次，戴尔·卡耐基在报纸上刊登了一则聘请一位秘书的广告。他收到了 300 封求职信，但信的内容几乎是一样的：“我看到周日早报上的广告，我希望应征这个职位，我今年二十几岁……”只有一位女士特别聪明，她并没有谈到她所想争取的，她谈的是卡耐基需要什么条件。她的信函是这样写的：“敬启者：您所刊登的广告可能已引来两三百封回函，而我相信您一定忙碌，没有时间一一阅读，因此，您只需要拨一个电话……我很乐意过来帮忙整理信件，以节省您宝贵的时间。我有 15 年的秘书经验……”

卡耐基收到这封信，真是欣喜若狂。他立即打电话邀请她前来。卡耐基说，像她这样的人，永远不用担心找工作。

现代社会，老板不仅希望有踏踏实实干事的人，而且更希望有创新精神的人自觉地去理解，创造性地去执行老板的意图。这位女士就具有创造性和创新精神，所以创新巩固了她的竞争地位。

例 3 创新提升我们的工作能力

有这样两位老板，他们分别在广州和非洲开了一家肥皂工厂。他俩都引进了一台非常好的全自动制造肥皂的机器，从肥皂的生产到包装成盒，都是在一条流水线上自动完成。但是这种机器有个小小的技术问题，往往有几个盒子是空盒包装，这样就不断招来经销商的投诉，他们认为这两位老板没有诚信经营。那么怎样才能解决这个技术问题呢？于是，广州的那位老板花了 100 万，聘请了一位专家对这个问题进行技术处理，最后研制出一种能穿透空盒的抓币式机器，将它放在制造肥皂流水线的旁边，每当流水线上出现空盒时，这台机器就会用钳子把这个空盒取出。

而在非洲的那位老板一分钱都不愿再投入，他把车间管理生产线的工头找来，将他臭骂一顿，并警告说："我花这么多钱买的机器，生产出的肥皂还有这么多空盒，你是怎么管理的？如果你不能解决这个问题，就立马给我离职！"这个工头听后，一筹莫展，在临近被老板开除之际，他终于想出了一个很简单的方法：把一台鼓风机放在肥皂包装流水线旁，因为空盒轻，被鼓风机一吹就吹飞了，留下的就是包装完整的肥皂。

广州的那位老板采取低级思维方式，不愿多动脑筋去思考，把难题踢给专家去处理，结果多投入 100 万元。而在非洲的那位老板愿意多动脑筋，认为这是生产管理上的问题，结果少投入 100 万元，还有效地解决了这一问题。这说明我们正处在一个才（财）智时代，才和财都离不开智，也就是说，要用智慧提升自己的能力，要用头脑获取财富。创新既能提高我们的工作能力，也能帮助我们获得财富。

例 4 创新改变我们的命运

华君武是我国当代一位杰出的漫画家，当他开始创作漫画的时候，我国"漫坛"已经有不少名家高手，如丰子恺、张正宇、叶浅予等，他们创作的漫画作品已经在报刊上各领风骚。而华君武还是一位名不见经传的青年，他的画稿寄出后，经常是泥牛入海，偶尔发表一两篇，也不为人所青睐。

华君武渴望时来运转，为此他苦苦思索。后来他终于明白了：自己老是模仿大师们的作画风格，无疑总是在他们的阴影下讨生活，为什么自己不去独辟蹊径创造新作品呢？只要在选题和表现形式上发挥创造性，就会有自己的一席之地。

于是，华君武开始走自己的路。有一天，他从一张大型的球赛广告中受到启发，想出了一个画大场面的主意，即专门选择人多势众的题材作画。如他画了一个大足球场，看台上挤满了有着各种各样表情的球迷，大家在观看两队队员表演球技。再如他画的《大游行》，也是场面宏大，游行队伍挤满大街，使人看后难以忘怀。

华君武的一系列大场面漫画发表后，给人耳目一新的感觉，评论人士或称他选题独具匠心，开大场面漫画创作先河，或赞他作画耐心非凡，居然能在一张小画上表现出那么多的人物形象。从此，华君武时来运转，约稿者蜂拥而至，一位画坛新秀就此脱颖而出。

无论是在文学界、艺术界，还是在科技界、企业界，都可以找到这样的事例。虽然改变一个人的命运有许多偶然性，但是偶然中有必然，偶然的机遇不会给那些不动脑筋的人。成功的机会，往往总是垂青那些具有创新性智慧的大脑。

第二章　说话训练

古代称民间歌谣为“风”，采集民歌的活动称为采风。学习发明创新，不仅要从书本里面学，也要有像采集民间的创作和风俗一样，到说话、企业、展会、大自然中去粗取精、去伪存真、取其精华、去其糟粕的“采风”意识。

第一节　讲幽默笑话

幽默是一种智慧，具有幽默感的人走到哪里都受欢迎。幽默中也隐藏着创新方法、创新思维、解决问题的时间和跨界解决问题的训练素材。

例 1 打雷以后，必定会下大雨

古希腊哲学家苏格拉底的妻子是个泼辣的女人，她经常谩骂苏格拉底。

有一次，苏格拉底和学生们正沉浸在哲学讨论的快乐中，他的妻子怒气冲冲地进来，把苏格拉底臭骂一顿，又外出提来一桶水，猛地将水泼到苏格拉底的身上。

苏格拉底摸了摸浑身湿透的衣服，风趣地说：“我知道，打雷以后，必定会下大雨。”

遇到尴尬的时候，巧妙地化解难堪，体现了一个人的心胸。苏格拉底利用移植思维，借用一句“打雷以后，必定会下大雨”就巧妙地化解了自己的尴尬，让人感觉妙趣横生，这也是创新的现象。

例 2 假如你吃了一个鸡蛋，觉得不错，又何必要认识那个下蛋的母鸡呢?

一位英国女士阅读了我国国学大师钱钟书的小说《围城》

之后，十分敬佩，要登门拜访。钱钟书在电话中说："假如你吃了一个鸡蛋，觉得不错，又何必要认识那个下蛋的母鸡呢？"

用"鸡蛋"比喻《围城》，"母鸡"比喻钱钟书本人，言外之意是，你既然看了书觉得好，何必非要见作者呢？钱老先生用一句诙谐幽默的话，就婉转地拒绝了读者要登门拜访的要求。

例 3 林蛋大

有一位小学老师发考卷，当发到最后一张考卷时，老师看着考卷上的名字叫到："林蛋大！"可没人回应。

老师看了看考卷上的名字，又叫道："楚虫大！"还是没有人回应。

老师不耐烦了，说："没拿到考卷的同学请到前面来。"

只见一名小男生很委屈地走到老师面前，说："老师，我叫楚中天……"

作者故意利用笔画难分的矛盾，用"改一改"或"变一变"的创新方法，将"楚中天"念成"林蛋大""楚虫大"，引人发笑，这也是创新的现象。

例 4 往上举

医院走廊里一群人在等待尿检，每人手里都端着自己的尿样。护士叫一个叫王尚举的患者，喊："王尚举！"然后所有患者都把手里的尿样举高了一点。护士又喊道："王尚举！……"

然后患者们又把尿样举高了一点。护士还喊："王尚举!"然后所有患者都把尿样高高举起...... 这时王尚举意识到护士是在喊自己，便大声答："到!"然后所有的患者都把尿倒在头上了。

作者故意利用人名"王尚举"与"往上举"，"到"与"倒"谐音，难以区分的矛盾，结果制造了一个"所有人都将尿检的样品倒在了自己头上"的笑话。

例 5 长江有多宽

张之洞新任湖广总督时，抚军谭继洵特地在黄鹤楼设宴为他接风庆贺，并邀请了鄂东诸县的县官作陪。席间，张之洞、谭继洵二人为长江究竟有多宽而发生争执。谭继洵说五里三，张之洞说七里三，二人互不相让，争得面红耳赤。于是张之洞、谭继洵二人请江夏知县陈树屏作答。

陈树屏略作思考，便朗声答道："水涨七里三，水落五里三，二位说得都对。"张之洞、谭继洵大笑，于是赏了陈树屏 20 锭银子。

要计算长江江面的宽度，除了涨水和枯水季节，就剩平时的江面宽度。当张之洞、谭继洵二人为长江究竟有多宽而争执时，双方让陈树屏作答，这对陈树屏来讲，张之洞、谭继洵二人都不能得罪，这使他陷入了两难的境地。

陈树屏没有落入"长江江面平时的宽度"的俗套，而是知难而上，利用正向思维，直接以长江"涨水"和"枯水"时江面的宽度作答，收到了左右逢源的效果。

例 6 作家的职业

有一次，英国作家狄更斯正在河边钓鱼，一个陌生人突然走到他跟前问道："先生，您在钓鱼?"

“是啊，”狄更斯毫不迟疑地回答，“今天钓了半天了，也没一条鱼上钩；可是在昨天，也是在这个地方，我却钓到了15条鱼!”

陌生人说：“是吗?”然后露出奇怪的笑容，说：“那你知道我是谁吗?”

狄更斯感觉到莫名其妙，连连摇头说：“不知道。”

陌生人接着说：“我是这条河的管理员，这段河面上是严禁钓鱼的!”说着，那人从口袋里掏出一本发票，要记下眼前这个垂钓者的名字并罚款。

见此情景，狄更斯并不着急，而是很镇定地反问说：“那么，你知道我是谁吗?”

陌生人在听到狄更斯的反问后惊讶不已。接着狄更斯大笑着说：“我是作家狄更斯。你不能罚我的款，因为虚构故事是我的职业。”

狄更斯利用作家的职业，将自己的违规行为轻描淡写地说成是虚构的故事，一场矛盾就这样轻松地化解了。

幽默可以活跃思想，摆脱传统和现实的束缚，激发想象力。幽默可为发明创新提供创新方法、创新思维、解决问题的时间和跨界解决问题训练的素材。成功的人往往以幽默感对待挫折。我们学习创新，要学习成功人士的幽默感。同时，幽默也是高情商、高智商的标志，是创新个性的表现。

第二节　讲偷换概念的笑话

偷换概念这种说话技巧就是把话题中所涉及的某个概念的内涵暗暗偷换或转移，概念偷换得越离谱、越隐蔽，导致两个概念之间的内涵差距就越大，产生的幽默效果就越强烈。偷换概念的话中也隐藏着创新方法、创新思维、解决问题的时间和跨界解决问题的训练素材。

例 1 肯定会揍我一顿

一位数学老师问他的一名学生："如果你哥哥有五个苹果，你从他那儿拿走三个，结果会怎样？"学生回答："结果嘛，他肯定会揍我一顿！"

站在数学的角度上讲，这个答案是离谱的。因为这名学生偷换了概念，老师讲的"结果怎样"的含义很明显是指"还剩下几个苹果"，属于数量关系的范畴，而学生却把它偷换成了未经哥哥允许拿走了他的苹果的"人事关系"上。我们要学习的就是作者的这种移植思维，即利用偷换概念的手法产生的幽默效果。

例 2 小王已不在人世了，你可以去下面找他

小王在 10 楼人事部门工作，一个月前，他被调到 9 楼行政部门去了。今天，小王的同学打电话到人事部门找他："小王在吗？"接电话的同事说："小王已不在人事了。"

小王的同学："啊啊？！什么时候的事啊，我怎么不知道啊，还没来得及送他呢？""没关系，你可以去下面找他啊……"

小王的同事说"小王已不在人事了"是指"小王已不在人事部门工作了"，而小王的同学却理解成了"小王死了"；小王的同事回答"你可以去下面找他啊……"是指"你可以去 9 楼的行政部找他"，而小王的同学却理解成了"到九泉之下去找他"。

作者运用移植思维，即偷梁换柱的手法，将"小王已不在

人事部门工作了”变成“小王死了”，将“你可以去9楼行政部找他”变成了“到九泉之下去找他”，让人忍俊不禁。

例 3 “两块“与“凉快”

大妈上了空调车投了一块钱。司机说：“两块。”大妈说：“是的，凉快。”司机说：“空调车两块！”大妈答：“空调车是凉快。”司机又说：“投两块！”大妈笑说：“不光头凉快，浑身都凉快”，说完往后头走。司机说：“我告诉你钱投两块。”大妈说：“我觉得后头人少更凉快。”司机无语，全车人都笑倒了。

大妈用“凉快”换去司机投币“两块”的概念，用“不光头凉快，浑身都凉快”换去司机“投两块”的概念，用“我觉得后头人少更凉快”换去司机“我告诉你钱投两块”的概念。结果，把全车人都逗笑了。

例 4 儿子赶紧回来种地

一位农民进城置办年货，他刚进城就看见广告牌上写着：苹果，优惠价4580元。老头儿大惊，他以为是自己看错了。又继续前行，这时，又看见一块广告牌，上面写着：“小米，2299 元。”老头儿心想，可能这也是“骗子”。

他又继续前行，突然又看见一块广告牌，上面写着：“小辣椒，只要 998 元。”这位农民忍不住了，赶紧给儿子打电话：

"儿子，赶紧回来种地吧，我们发财了……"

作者利用移植思维，即偷换概念的手法，故意将"苹果""小米""小辣椒"手机的品牌偷换成水果中的"苹果"、粮食中的"小米"、蔬菜中的"小辣椒"的概念，引人发笑。

例 5 黑色幽默

"久旱逢甘露，他乡遇故知，洞房花烛夜，金榜题名时。"这四句诗被视为人生"四喜"，由于第一句——"久旱逢甘露"常常被人忽略，所以"他乡遇故知，洞房花烛夜，金榜题名时"分别代表着知己（友谊）、红颜（婚姻）、名利（做官），比"四大喜事"更为流行。

人生四大幸事，用"改一改"的创新方法，就变成了四大不幸之事，即久旱逢甘露——只有一滴水；他乡遇故知——是讨债的人；金榜题名时——是同窗好友；洞房花烛夜——是隔壁男女。

结果内容全反了，虽然有点粗俗，大煞风景，但是作者改变的手段也有一种新意，有黑色幽默之感，也值得我们批判性地学习。

例 6 春季旅游

2019 年 3 月，重庆垫江县有一位老者，在家待腻了，想去在美国定居的儿子那里旅游散心。

刚到美国的第一天上街，他看到许多人在买彩票抽奖，有人抽到三等奖奖了 LV 包，有人抽到二等奖奖了劳力士手表……老者心里痒痒，也想买彩票碰碰运气。当他打开彩票，众人立即欢呼，一等奖出来了！

工作人员上前告诉他：先生，恭喜您！请准备行李，明天出发，一等奖是中国重庆垫江“牡丹樱花世界”七日游。老者一听大喊一声：“天啊！我好不容易刚出来又要回去……”

作者利用移植思维，即偷换概念的手法，故意将发生在甲地的时间、地点、人物、事情的起因、经过、结果移植到乙地，产生了引人发笑，即创新的奇异效果，这也是创新的现象。

例 7 广告中的成语新用

空调机—完美无夏（瑕），沐浴器—随心所浴（欲），咳嗽药—咳（刻）不容缓，汾酒广告—喝酒（合久）必汾（分）、汾酒（分久）必喝（合），凤凰卫视评论节目—理上网（礼尚往）来……

作者故意将“完美无瑕”等成语改成谐音字，结果分别变成了空调机、沐浴器、咳嗽药、汾酒和凤凰卫视评论节目的广告词……这也是创新的现象。

幽默是一种气质，一种胸怀，一种智慧，一种人生哲学，是人最宝贵的内涵和品质，非常值得我们去学习里面的创新方法、创新思维、解决问题的时间和跨界解决问题的方法。

第三节 创新名言、格言、警句

创新名言、格言、警句与英文对“创新”一词的解释一样，其方法也有创造新的，在原有的基础上更新、替换，发展和改造等多种形式。

一、创造新的名言、格言和警句

在世俗的眼光里，创造新的名言、格言和警句好像是成年人的事，对少年儿童来说不现实，也不容易做到。

例 1 这是时间的距离

2012 年，重庆有一位名叫罗谢慈的 5 岁的小朋友，妈妈给他买了一双新鞋，他用手指比划了新鞋和旧鞋长度上的差距后说："妈妈，您看，这是时间的距离！"

小朋友用手指比划了新鞋和旧鞋长度上的差距，展开丰富的想象力，结果说出了一句"这是时间的距离"很富有哲理的话，这句话近乎格言。

例 2 学习科学让人聪明，学习哲学使人智慧

聪明和智慧是两回事。在现实生活中，不吃亏的是聪明人，能吃亏的是智者。科学让人聪明，哲学教人智慧。如果问聪明有没有捷径可走？回答是：学习科学让人聪明，学习哲学使人智慧。"学习科学让人聪明，学习哲学使人智慧"就是一句新的格言。

例 3 为什么要学会倾听

聪明的人嘴忙，往往侃侃而谈，是茶壶；智者耳忙，注意聆听别人，是茶杯。茶壶里的水，最终要倒进茶杯里。

为什么要学会倾听？上面这句话可以说是最精彩的回答，称得上是格言或名言。

例 4 珍惜时间

作者利用联想思维，把“昨天”“今天”“明天”分别与“支票”“现金”“期票”联想在一起，创新了“昨天是一张作废的支票，今天是你手中唯一的现金，明天是一张期票”的名言。

例 5 高考答题

作者利用联想思维，把“低档题”与“巧做”联系在一起，把“中档题”与“稳做”联系在一起，把“高档题”与“尽力冲击”联系在一起。

结果，创新了“巧做低档题，全做对；稳做中档题，一分不浪费；尽力冲击高档题，做错也无悔”的名句。

例 6 通往成功的路有若干条，站在不同的角度可以创造出不同的格言

1. 站在应试教育的角度，把“通往北大清华的路”与“刷题”联系在一起，可以创新出“通往北大清华的路是用卷子铺出来的”这一格言。

2. 站在创新教育的角度，把“通往北大清华的路”与“发挥特长”联系在一起，可以创新出“通往北大清华的路是发挥特长铺出来的”这一格言。

例 ⑦ 在人类日趋拥挤的生存空间里，能使我们摆脱拥挤困境的，唯有创新之路

作者由交通、道路堵塞、拥挤联想到生存空间，创新出了“在人类日趋拥挤的生存空间里，能使我们摆脱拥挤困境的，唯有创新之路”的警句。

二、在原有的基础上更新、替换，发展和改造

例 ① 三日不读书，便觉语言无味，面目可憎

“三日不读书，便觉语言无味，面目可憎”是北宋著名文学家黄庭坚曾说过的话。我们可以利用逆向思维，反话正说，创新“读书三日，语言有味，面目可爱”的名言。

例 ② 现在偷的懒，都是给将来挖的坑

“现在偷的懒，都是给将来挖的坑”是已有的一句名言。我们可以利用逆向思维，创新出“今天努的力，就是明天的机遇或机会”的名言。把原句和新的句子合起来，就变成了一句新的名言：现在偷的懒，都是给将来挖的坑；今天努的力，就是明天的机遇或机会。

例 ③ 所有有价值的东西，都已经被人发明完了

19 世纪末 20 世纪初，美国有一位国会议员提出了一项废除专利局的法案，他所持的理由是，当时已经没有什么新东西要申请专利了；所有有价值的东西，都已经被人发明完了。我们可以在“所有有价值的东西，都已经被人发明完了”的基础上，运用逆向思维，创新出一句“没有被人发明完的东西，只有想不到的方法”的格言。

例 4 难得智慧

郑板桥曾说："聪明难，糊涂更难。"其实，郑板桥所说的"糊涂"是需要智慧的"糊涂"。所以，"难得糊涂"翻译过来就是"难得智慧"。由"难得糊涂"变成"难得智慧"，不就是一句新的格言或名言吗?!

例 5 一个民族若想站在世界的高峰，就一刻也离不开创新

"一个民族若想站在世界的高峰，就一刻也离不开思维"是恩格斯曾经说过的话，我们利用移植思维，把这个问题移植到创新教育上来，站在创新的角度，就可以创新出"一个民族若想站在世界的高峰，就一刻也离不开创新"的新的名言。

例 6 书山有径快为路，学海无涯勤作舟

"书山有路勤为径，学海无涯苦作舟"是我国唐代著名文学家、哲学家韩愈的劝学名联。其意是说在读书、学习的道路上，没有捷径可走，没有顺风车可乘，没有顺风船可驶，想要在广博的书山、学海里汲取更多更广的知识，"勤奋"和"潜心"是两个必不可少的、也是最佳的条件。在信息高度发达的今天，作为物质形态的书籍，总是有它的极限的。别说是古人所说的四书五经、诸子百家、历史典籍、诗词歌赋都不难被饱学之士遍览，即使是在今天各种著述浩如烟海，也可以用几台电脑和一堆光盘，便将世界上任何一个大型图书馆的藏书囊括殆尽。因此，"书山有路勤为径，学海无涯苦作舟"可以创新为"书山有径快为路，学海无涯勤作舟"新的名言。

"快"是指加强解题的时间训练，提高学习效率。"勤"是

指勤奋，就是用学习时间和汗水去提高学习效率，换取思维的快速反应。

会说话的人都善于从新的角度去看事物，从众人熟知的事物提出独到的观点；具有广阔的视野，谈论的题材超越自身生活的范畴；充满热情，让人感觉到他们对于在生活中所从事的种种活动怀有强烈的情感，而且使人对他的话题兴趣盎然。我们不能小瞧说创新的话，特别是同学们初学发明创新时，它可以潜移默化、润物无声地训练我们的创新思维、创新方法和解决问题的思维速度，培养跨学科解决问题的能力。

第二单元

想创新的问题

想创新的问题，必然要用到创新方法和创新思维。同学们在想创新的问题的时候，一定要利用老师教的创新方法、创新思维等内容，结合生活的实际去思考。思考出来的方案，就是创意。

创意，是指具有创造性、新颖性的想法、构思等。

创意一直存在生活之中。找不到创意是很自然的现象。因为我们总是在需要时才想到去寻找创意。创意不是无中生有，而是需要充分的准备与持续的练习。

第一章　创新方法

创新方法，又称创新技法，是创造学家根据创新思维的发展规律总结出来的发明创新的一些规律、技巧和方法。从创新教育的任务是培养同学们的创新素质的角度讲，创新方法的学习只能排在培养创新素质要素的第三位。

创新方法大致可分为两种类型，一种是用于集体发明创新的组织方法，比如智力激励法；另一种是既适用于集体又适用于个人使用的方法，比如组合创新法、三点列举创新法、联想创新法等。

创新方法就像写作文一样，既有方法，又无定法。我们初学作文时，可以按照记叙文的时间、地点、人物、事情的起因、经过、结果六个要素去模仿，但是一旦学会了，只要有利于表达，就不必拘泥于这“六要素”，可以任选其中的一个要素开头。学习创新方法也一样，我们可以先按照和田十二法、组合创新法、三点列举创新法、联想创新法等，去模仿。当学习掌握了这些创新方法之后，就可以把这些创新方法融会贯通，自由发挥，既讲创新方法又不唯创新方法，既用创新方法又会变通创新方法，既学习创新方法又敢于创新新的方法，最后变成没有创新方法这就是最好的创新方法。

第一节　和田十二法

砖连砖成墙，瓦连瓦成房。和田十二法中的任意一种创新方法，比如，加一加、减一减、扩一扩、缩一缩、变一变、改一改、联一联、学一学、代一代、搬一搬、反一反、定一定都能构成创新。

和田十二法是我国学者许立信、张福奎在奥斯本稽核问题表的基础上，借用其基本原理，加以创造而提出的一种思维技法。它既是对奥斯本稽核问题表法的一种继承，又是一种大胆的创新。

一、加一加

“加一加”是从添加、增加、加高、加长、加宽、附加、组合等角度来思考，得到新的东西、新的方法和新的功能的一种创新方法。

例 1 共享单车与 iPhone

早在各种小橙车、小黄车、小蓝车等问世之前，很多城市都有“公共自行车”。所不同的是，你要去一个“服务站”交押金办卡，然后每次使用“公共自行车”的时候，都要用卡，车子也都是定点摆放的。

而大行其道的共享单车的理念是互联网+共享+自行车。

触屏出现得很早，只是一直没有应用在手机上。利用触屏的技术，加上巧妙的设计点，iPhone 实现了创新。

这些例子揭示了“加一加”的创新方法的本质，是把相关的东西“加”起来，实现创新。

比如，互联网+共享，触屏+手机等。

这就是“加一加”的创新方法在生活中的运用。

例 2 瑞士军刀

大家知道瑞士军刀吗？

它就是用“加一加”的方法进行创新的。它是由大刀、小刀、木塞拔、螺丝刀、开瓶器、电线剥皮器、钻孔锥、剪刀、钩子、木锯、凿子、钳子、放大镜、圆珠笔等多种工具组合而成的，携刀一把等于带了一个工具箱。

例 3 鸡尾酒

在一次盛宴上，俄国人、法国人、德国人、意大利人纷纷拿出具有民族特色、能够体现民族悠久历史的实物——酒，来彼此致敬。而建国仅 200 多年的美国人只能沉默不语。俄国人拿出了伏特加，打开瓶盖，酒香四溢，众人纷纷称赞。法国人拿出了香槟。意大利人拿出了葡萄酒。德国人取出了威士忌。众彩纷呈。最后，大家都看着美国人。美国人把大家先前拿出来的各种酒都倒出一点，兑在一起，说："这叫鸡尾酒。"鸡尾酒的故事，意味着百家争鸣、博采众长、综合创新、智慧地转化。这也是"加一加"的创新方法的运用。

启示：

"加一加"的创新方法，主要以组合为核心，把表面上看起来似乎并不相关的事物有机地结合在一起，合多而一，从而产生意想不到、奇妙新颖的创新成果。"加一加"的创新方法虽然很简单，但是却很实用，将其应用于工业和生活产品的创新中，常常可以产生意想不到的效果。

作业：

1. 听（看）了刚才的例子，你有什么想法或受到什么启发？请说出你的想法或受到的启发。

2. 请把你刚才的想法或受到的启发写进创意表里。

3. 请把你的创意做成实物。

二、减一减

"减一减"是对原来的事物从删除、减少、减小、拆散、去掉等角度考虑，使之出现新事物、新方法、新功能的一种创新方法。

事物总有大小之分，最初发明的收音机、录音机、电视机、录像机、电子计算机、手机等，都称得上是庞然大物，但是随着科学技术的发展，它们都变得越来越小巧。如何把庞然大物变得越来越小巧，方便适用，这就是“减一减”的创新方法。

例 1 T 恤衫

说到 T 恤衫，大家再熟悉不过了。T 恤衫目前已经成为世界上男女老少都爱穿的时尚服装，是春、夏两季人们最喜爱的服装之一，特别是在烈日炎炎、酷暑难耐的夏日，T 恤衫以其自然、舒适、潇洒而又不失庄重的特点，出现在各种社交场合，成为人们乐于穿着的时令服装。大家知道 T 恤衫是怎么来的吗？T 恤衫就是运用“减一减”的创新方法，减去衣领和部分袖子而成的。

例 2 上机手套与卫生指套

手套是非常简单的生活用品，将手套减少一部分得到什么呢？江苏镇江的一位工程师心血来潮，把普通的薄型白手套的指套部分减去，再在手套的背面印上五笔字型的指法和字根规则，成为专利产品“电脑上机手套”。这样，初学者戴上手套上机就十分方便，忘记了规则只需看一下手套的背面便立即可知。

西安有一位大学教师与其相反，他把手套的掌套部分减去，成为单独的产品——卫生指套，以防手指上的细菌污染食品，特别适合旅行时使用。

启示：

某一种物品减去一部分后，有时会变成另外一种物品。“减一减”的创新方法就是把一个物品中多余的、可省略的部分减去、删掉，从而变成一个令你满意的新东西。生活中用“减一减”的方法创造新事物或解决新问题的例子很多，只是我们常常熟视无睹，没有引起重视而已。只要引起我们足够的重视，就会发现生活中到处都存在“减一减”的创新方法。

作业：

1. 听（看）了刚才的例子，你有什么想法或受到什么启发？请说出你的想法或受到的启发。

2. 请把你刚才的想法或受到的启发写进创意表里。

3. 请把你的创意做成实物。

三、扩一扩

“扩一扩”是从增大、增高、增长、扩大、超出范围等角度来思考解决问题的一种创新方法。

例 1 双人伞

我们平时所见到的伞，伞面都是圆形的，伞的面积比较小。这样的伞一个人使用没多大问题，可是如果是两个人共撑一把伞，那么都会淋湿肩膀，而且走路拥挤不方便，还容易遮挡视线。多功能双人雨伞的发明就弥补了以上不足。双人伞将伞面改为椭圆形，增大了伞的遮雨面积，保证两个人在共撑一把伞的情况下不会被淋湿。

例 2 气象预测用于经商

气象预测最早只是用于工农业生产，有一位企业家说：“靠气象发财也是一门学问，市场的经营者应该掌握，温度的上升或下降与产品销量增减之间有函数关系。”

日本经营电冰箱和空调的厂商，都有研究和测算气象的专门机构。他们搜集大量数据，得出了气温变化与产品销售额浮动之间的关系：在盛夏 30℃ 以上的天气，每延续一天，空调的销售量就会增加 4 万台。

而据德国的一些啤酒公司分析，当气温高于 24℃ 的时候，啤酒开始畅销；在盛夏季节，气温每上升 1℃，啤酒将增加 230 万瓶的销量。

澳大利亚有一位经营水果的商人，与当地气象台签订了长期合同，以便及时得到短期、中期和长期的气象预报，作为自己调整水果的进量、销量和价格的重要参数。这就是“扩一扩”的创新方法的运用。

例 3 橡胶中加硫黄、加炭黑

1493 年，哥伦布在美洲的海地岛发现当地儿童喜欢把天然生橡胶像捏泥丸一样捏成一团，捏成弹力球。哥伦布将这种树木引入欧洲。但是，这种生橡胶的性能不太好，受热易变形、发黏，受冷又易发脆。因此，它的功能受到了局限。后来美国的一个发明家在橡胶里加入了硫黄，这使橡胶的熔点提高、牢固度大大增强，后来又有人在橡胶中加入炭黑，使之更加耐磨，橡胶的用途也日益广泛。

启示：

“扩一扩”的创新方法就是将一种事物的体积或功能扩大，从而使事物的功用发生变化。生活中有很多物品，如果把它们“扩大”，就会发现，它们的功能增强了，用途增多了，甚至产生了新的物品。只要对身边的物品大胆地“扩一扩”，我们就有可能成为发明家。

作业：

1. 听（看）了刚才的例子，你有什么想法或受到什么启发？请说出你的想法或受到的启发。

2. 请把你刚才的想法或受到的启发写进创意表里。

3. 请把你的创意做成实物。

四、缩一缩

“缩一缩”就是把某件物品通过缩小体积、缩短长度、降低高度、折叠结构、卷曲直线、浓缩纯度等方式进行创新的一种方法。

例 1 世界上第一台电脑

世界上第一台电脑有一间房子那么大，重达 30 吨。后来，科学家使用集成元件，使电脑的体积不断缩小，成为可以放在案头的电脑。后来又相继出现了笔记本电脑、平板电脑等。电脑越来越精致、小巧的发展过程，就是运用了“缩一缩”的创新方法。

例 2 隐形眼镜

1947 年，美国人比斯特发明了隐形眼镜，这项发明得益于他儿子的一个恶作剧。有一天，比斯特正聚精会神地读报，突然鼻梁上的眼镜被调皮的小儿子打落在地。比斯特正要发火，小儿子却拾起碎镜片，贴在眼前大叫起来。比斯特拿过镜片，果然看到了地上爬行的蚂蚁，他灵机一动，心想，既然碎镜片可以脱离镜架看东西，那么假如把它装在眼球上，看东西不是就更方便了吗？就这样，比斯特发明了隐形眼镜。

例 3 微型滑轮起重机

滑轮起重机最早起源于罗马时代，如果大家认为滑轮起重机发展到今天都成了摩天巨人，那就错了。起重机在朝着大型、重型方向发展的同时，也在朝着小型、微型方向发展。德国发明的微型滑轮起重机自重只有 2 千克，只需 5 千克的拉力就可以起吊 100 千克重的物体。除一般的起重外，尤其适宜家庭使用，由楼上向上或向下吊运重物十分方便，遇到意外险情还可以用来自救。

启示：

生活中随处可见用“缩一缩”的创新方法生产出来的产品。比如，通过缩小体积的方法，对个头很大的“台式电子管收音机”进行压缩，从而发明了便于携带的“袖珍式晶体管收音机”；通过折叠的方法，把难以携带的床铺进行结构的改进，从而发明了“旅行床”；通过把电子元器件进行“微缩”，从而发明了“集成电路”，进而发明了手掌式游戏机、笔记本电脑、智能手机，等等。缩一缩是将一个事物缩小、缩短、减少、减轻、分解、折叠、卷曲、删减等，事物的功能和用途可能发生本质的变化。

当然，并不是将任何物品通过缩小、缩短、折叠、卷曲、浓缩等方式进行改造就会产生新的创新。通过“缩一缩”，要能更好地解决生活中的实际问题，从而发挥更大的生产力。缩小的鞋子，只是适应不同尺码的脚穿用，并没有产生新的功能；

折叠了的被褥，只是为了好看，也没有产生新的功能；省略了的杯盖，只是降低了成本，并没有产生新的作用。如果只是表面现象的“缩一缩”而没有产生新的用途，就不能称之为“创新”。

作业：

1. 听（看）了刚才的这些例子，你有什么想法或受到什么启发？请说出你的想法或受到的启发。

2. 请把你刚才的想法或受到的启发写进创意表里。

3. 请把你的创意做成实物。

五、变一变

“变一变”是从变化形状、颜色、音响、包装、结构、层次、味道、顺序等角度来考虑，引起人们新的感觉，使之更有使用价值、更受人们欢迎的一种创新方法。

例 1 乌鸦跳进染缸

做泥玩具的老爷爷捏了一只小乌鸦，可能是因为工作太累了，老爷爷不觉呼呼睡着了。小乌鸦看看自己的身子，摇摇头，摆摆尾，心想：我可不愿做一只黑乌鸦。它扭过头，看见一个黄颜料缸，它就跳进去洗了个澡。这下子，小乌鸦变成金黄金黄的啦，真好看！不过，它还想再漂亮一点。瞧，那儿还有一个蓝颜料缸，它又往蓝颜料缸里一跳。咦，这只小乌鸦这回变成什么颜色啦？同学们想想看，这是运用了什么创新方法呢？

例 2 彩色铅笔

大家看一看，彩色铅笔，它是通过一般的铅笔改变铅芯的颜色而得到的。

例 3 变一下马的出场顺序

田忌赛马的故事，大家都知道。第一次赛马，田忌输了。第二次赛马时，田忌采纳了孙膑的建议，用下等马对付齐王的上等马，以上等马对付齐王的中等马，以中等马对付齐王的下等马，结果三场比赛，田忌一场败而两场胜，最终赢得齐王的千金赌注。马还是同样的马，只是改变一下上等马、中等马和下等马的出场顺序，便转败为胜，这就是“变一变”创新方法的运用。

启示：

“变一变”就是改变一下事物的形状、颜色、音响、气味、位置、方向，或改变一下事物的次序，或操作的顺序，来达到我们想要达到的目的。生活中有很多物品都用了“变一变”的方法。比如，在白水泥中加入氧化铬，水泥就变成了绿水泥；在白水泥中加入铬酸铅，水泥就变成了黄水泥。10 多年前，我国的水稻育种专家根据当地的地理条件，调整了肥料中的元素，培育出了罕见的五彩稻。由于五彩稻所含的营养成分不同，所以可以用于治疗人体因缺少某种元素而引起的疾病等。

作业：

1. 听（看）了刚才的例子，你有什么想法或受到什么启发？请说出你的想法或受到的启发。

2. 请把你刚才的想法或受到的启发写进创意表里。

3. 请把你的创意做成实物。

六、改一改

“改一改”是对原有事物的缺点和不足进行改进，消除缺点和不足，使它更加方便、更加合理、更加新颖的一种创新方法。

例 1 多棱形铅笔

我们经常使用的铅笔，原先都是圆柱形的，稍不注意，就有可能从桌子上滚落到地上而摔断铅芯。为了克服圆柱形铅笔容易滚动的这一缺点，于是我们通过“改一改”的方法，把圆柱形铅笔的外观改变成了多棱形，发明了不易滚动的多棱形铅笔，这样做既减少了铅笔的损毁，又节省了削铅笔的时间，这就是“改一改”的创新方法的运用。

例 2 U 盘

U 盘是一种使用 USB 接口的无需物理驱动器的微型高容量移动存储产品，通过 USB 接口与电脑连接，实现即插即用。

我们平时见到的 U 盘都是长方形的，把它的外观改进成树疙瘩形状或动物形状，就是“改一改”的创新方法的运用。

例 ③ 乐堡啤酒盖上的拉环

啤酒瓶上的瓶盖，一般都要用开瓶器进行开启，喝啤酒时不太方便。将易拉罐上的拉环移植到乐堡啤酒的瓶盖上，“乐堡啤酒，拉开快乐”，也是“改一改”的创新方法的运用。

启示：

任何事物总会有缺点，世界上没有十全十美的事物，也就是说，世界上没有一件事物是不能改变的。只要我们注意观察，总能找出事物的不足或缺点。然后从功能、审美、经济等角度出发，研究对象的缺陷，提出改进方案，使其简便易行。此法主要是围绕原事物的缺陷加以改进，一般不改变原事物的本质与总体。它一方面可用于老产品的改造，另一方面也可用于对不成熟的新设想、新产品做完善工作等。

作业：

1. 听（看）了刚才的例子，你有什么想法或受到什么启发？请说出你的想法或受到的启发。

2. 请把你刚才的想法或受到的启发写进创意表里。

3. 请把你的创意做成实物。

七、联一联

“联一联”是把不同问题、不同现象、不同科学原理或不同的技术联系起来进行思考的一种创新方法。

例 ① 利用狒狒找水

在非洲沙漠边缘的草原地带，每逢旱季，当地居民就因为缺水而大伤脑筋。后来人们发现一种动物——狒狒在旱季时也能照常活动。由果推因，大家猜想狒狒一定能找到水源。于是，当地人设下“连环计”：诱捕狒狒—给狒狒喂盐水—放走狒狒—狒狒口渴—奔向水源—跟踪狒狒—找到水源。人们利用这种方法马上就找到了水。这就是“联一联”的创新方法。

例 2 带过滤网的茶杯

中国人喜欢品茶，但人们总会遇到一个问题，就是在喝茶的时候茶叶总是随着水一起喝进嘴里，怎样才能将茶水和茶叶分开呢？于是有人联想到了淘米用的淘米箩。淘米的时候，淘米水会从淘米箩中流出，而米却留在淘米箩中，然后把这个原理运用到了茶杯上，只需要在茶杯上加一个过滤网作为隔层，人们在喝茶的时候就再也不会把茶叶喝进嘴里了。

例 3 “矿工鸟”与金矿

在南美洲的委内瑞拉，有一种长着灰色羽毛的小鸟，它们常常栖息在一种叫作“莫拉树”的树枝上，发出尖细的叫声，很远就能听到。通常只要闻声寻去，就能在鸟栖息的附近找到金矿。因此，人们称它为“矿工鸟”。

“矿工鸟”为什么能成为人们寻找金矿的向导呢？原来，莫拉树只生长在含金的矿脉附近，而“矿工鸟”就喜欢栖息在莫拉树上。

启示：

“联一联”是由此想到彼的心理过程。在思考时，我们可以想想某个事物的结果，跟它的起因有什么联系，能从中找到解决问题的办法吗？把某些东西或事物联系起来，能帮助我们达到什么目的？

作业：

1. 听（看）了刚才的例子，你有什么想法或受到什么启发？请说出你的想法或受到的启发。

2. 请把你刚才的想法或受到的启发写进创意表里。

3. 请把你的创意做成实物。

八、仿一仿

“仿一仿”是模仿别人或动植物的做法，模仿现有事物的形状、结构、原理等，发明新的事物，产生新的功能的一种创新方法。

例① 仿鸟巢、喇叭

鸟巢大家都见过，在建筑设计中，人类模仿鸟类巢穴的结构，创造了北京奥运村的著名建筑——鸟巢；模仿吹奏乐器喇叭的结构，在服装设计行业，创造了“喇叭裤”等新的服装款式；理发师傅修剪头发的工具是理发剪，在农业生产上人们模仿理发剪，发明了剪草机。

例② 尼龙搭扣

一位打猎爱好者在山地里奔走，他的尼龙裤子上挂着不少小小的有刺的野果。回到家里他想，为什么别的野果挂不到裤子上呢？他用放大镜仔细一看，发现野果上的刺是钩状的，是钩刺钩住了圆状纤维，由此他发明了尼龙搭扣。尼龙搭扣母本呈圈状，父本呈钩状。尼龙搭扣成为继纽扣、拉链之后的第三代服装扣结。

例 3 中国香港的中国银行大厦

南方的竹子，大家都再熟悉不过了。竹子的外壁很厚，纤维韧性强，中间空心，长成一节一节的，和我们常吃的甘蔗形状差不多。竹子有一个特性，那就是长大之后只长个儿，不长胖，整个儿一个细高挑。为什么呢？原来，竹子是单子叶植物，外层的韧皮部和内层木质部之间没有活跃的形成层，它的竹竿细胞到一定时期就不分裂了。

只长高不长粗的竹子为什么不会倒呢？首先，竹子是由基部向上逐渐递减的圆锥形空心结构。它的底盘大，梢头小，这增强了它的承重性。其次，别看它外表细弱，其实是柔中带刚。竹竿每隔一段便有一个竹节，竹节的横隔壁便是竹子挺直耐重的“秘密武器”。横隔壁将竹节连成一个纵横的整体，同时分解了由上至下的压力。中空细长的竹竿由此增强了刚度和稳定性。带节的竹竿与不带节的竹竿相比，其劈开强度和横纹拉伸强度分别有所提高。

建筑师们模仿竹子的特性并将其特性广泛用于建筑领域。如今，高层建筑多数使用这种仿竹状薄壁带节的结构，其中最负盛名的当数华人建筑大师贝聿铭设计的位于中国香港的中国银行大厦，它高 315 米，共 70 层，堪称“仿竹建筑的杰作”。

启示：

只要勤于学习研究，善于从他物中、从他人经验中获得启发，总是能实现创新的。比如，老鹰眼睛的敏锐度在鸟类中排行第一，是人眼的 8 倍，而且鹰眼的视野非常开阔，双眼的视角可达 320°，翱翔于 2000 米高空的老鹰，能发现地面上的黄鼠这样小的目标。科学家根据鹰眼的构造和视觉原理，研制出了类似鹰眼的搜索和探测系统，即“电子鹰眼”这一先进仪器，它不仅能使飞行员的视觉得以扩大，视敏度也得以提高，而且还能提高地质勘探、海洋救生等项工作的效率。

作业：

1. 听（看）了刚才的例子，你有什么想法或受到什么启发？请说出你的想法或受到的启发。

2. 请把你刚才的想法或受到的启发写进创意表里。

3. 请把你的创意做成实物。

九、代一代

“代一代”是用别的材料、方法代替，用一种事物代替另一种事物来达到目的或效果的一种创新方法。

例 1 脸盆

家里的脸盆大多是塑料的，除此以外也可以用木材、不锈钢、铁、铜、锑、搪瓷等材料生产。

例 2 用燃料电池代替汽油

近年来，汽车消费猛增，人们不得不疯狂地大面积开采石油，使石油资源越来越少，汽油价格越来越高，而且汽油的使用还会排放大量的“尾气”，给环境造成致命的污染。于是，科学家通过多年的研究，利用特定装置，将化学能转变为电能，从而发明了“燃料电池”，用电驱动电动机旋转，使汽车获得动力。燃料电池在工作过程中不会产生有害气体，它所排出的生成物只是水，不会对环境造成污染。

例 3 用按扣代替开关

山西省阳泉市的小学生张大东发现家中有许多用电池作电源的电器没有开关，使用时很不方便。于是，他想出一个“用按扣代替开关”的办法：他找来旧衣服和鞋子上面无用的按扣，将按扣两片分别焊上两根电线头。按上按扣，电源就接通了；掰开按扣，电源又切断了。这就是“代一代”创新方法的运用。

启示：

用什么东西可以代替这种东西，用什么材料可以代替这种材料，用别的结构能否代替这种结构，用别的方法能否代替这种方法？会产生哪些变化，会有什么效果？很多时候，用“代一代”的创新方法能够解决许多问题。“代一代”的创新方法又分为方法代替、原理代替、材料代替、结构代替等类型。

作业：

1. 听（看）了刚才的例子，你有什么想法或受到什么启发？请说出你的想法或受到的启发。

2. 请把你刚才的想法或受到的启发写进创意表里。

3. 请把你的创意做成实物。

十、搬一搬

“搬一搬”是把这件东西搬到别的地方或将某一个想法、道理、某一项技术搬到别的场合或地方来达到目的的一种创新方法。

例 1 把音乐上的造诣搬到数学上

有一位数学家精通音乐，因为在音乐上的造诣能够让他在研究数学问题时获得一些启发，他把音乐上的造诣搬到数学上产生一些定律或定理。像这种将一项已有的技术搬到另外一个领域，就是“搬一搬”的创新方法的应用。

例 2 用做饼的方法将小方块压制在橡胶鞋底上

美国俄勒冈州立大学体育教授威廉·德尔曼发现用传统的带有一排排小方块凹凸铁板压出来的饼不但好吃，而且还很有弹性。他便仿照做饼的方法，将凹凸的小方块压制在橡胶鞋底上，穿上这种鞋走起路来非常舒服。经过改造，发展成了今天著名的“耐克”运动鞋。这就是“搬一搬”的创新方法的运用。

例 3 冰管

有一支日本探险队历尽千辛万苦来到南极。在队长的指挥下，大家齐心协力把一根根铁管连接起来，准备铺设一条输油管道，然后把船上的汽油输送到基地。眼看管道就要接通了，这时，大家突然发现输油管不够长。于是队员们四处寻找，可他们翻遍基地的每个角落，都找不到一根管子。看着尚未接完的管道，大家不知所措。这时，一个聪明的队员突然灵机一动，说：“我们为什么不可以用冰来做管子呢？”只见他从基地仓库里翻出很多医用绷带，然后把它们缠绕在一根铁管上，用水淋湿。待水微微结冰时，他把绷带“冰管”轻轻地从铁管上抽出来，然后再浇上些水。不久，一根绷带加冰做的管道就出现了。

队员们如法炮制，最终成功地解决了这个难题。

启示：

“搬一搬”的创新方法是移作他用。把这个想法、经验、道理、技术搬到别的地方，也能用得上吗？

作业：

1. 听（看）了刚才的例子，你有什么想法或受到什么启发？请说出你的想法或受到的启发。

2. 请把你刚才的想法或受到的启发写进创意表里。

3. 请把你的创意做成实物。

十一、反一反

“反一反”是从事物的正反、上下、左右、前后、横竖、运动方向相反的方向来分析解决问题的一种创新方法。

例 1 将“顺计时”改为“倒计时”

1927 年，德国一家电影公司开始拍摄历史上第一部描述太空旅行的科幻故事片《月球少女》。在拍摄火箭发射的镜头时，为了加强影片的戏剧效果，导演弗里兹 · 朗格想出一个点子，将顺数计时发射程序 1、2、3 发射，改为 3、2、1 发射！这一颠倒的发射程序竟引起了火箭专家的莫大兴趣。经研究，专家们一致认为这种倒计时发射程序十分科学。它简单明了，清楚准确，突出地表现了火箭发射的准备时间逐渐减少，使人们的思想高度集中，产生准备时间即将完毕、发射就要开始的紧迫感。从此以后，火箭或导弹的发射、核装置的起爆等都采用了倒计时的程序。弗里兹 · 朗格敢于逆向思维，改变相沿成习的事物，创新出倒计时程序，运用的就是“反一反”的创新方法。

例 ② 减少笔芯的油量

圆珠笔刚刚问世时，笔珠漏油严重影响了它的推广和使用。日本的中田藤三郎却背道而驰。他不再研究磨损问题，而是减少笔芯的油量，当笔珠写到快漏油时，油已用完，无油可漏。

例 ③ 吊扇

“反一反”的创新方法在现实生活和科学研究中有着不可低估的作用。许多难题就是从反面突破的，许多创新也是通过“反一反”实现目的的。比如，落地扇，一根支杆在中间，扇在上。如果将它“反一反”，就变成了支杆在上，扇在下，一种新产品——“吊扇”就脱颖而出。吊扇具有新特点：安装省事，利于维护，移动方便。“吊杆”高度也可以随意调整。

启示：

“反一反”常常运用的是逆向思维，就是将上、下顺序颠倒过来，说不定会更好。就是将某一事物的形态、性质、功能、正反、里外、前后、左右、上下、横竖等加以颠倒，从而产生新的事物。

作业：

1. 听（看）了刚才的例子，你有什么想法或受到什么启

发？请说出你的想法或受到的启发。

2. 请把你刚才的想法或受到的启发写进创意表里。

3. 请把你的创意做成实物。

十二、定一定

“定一定”是指对新产品或事物定出新的标准、型号、顺序，或者为改进某种东西，以及提高工作效率和防止不良后果而作出的一些新规定，从而产生创新的一种创新方法。

例 1 《交通信号灯通行规则》

1. 当路口是圆盘红绿灯指示交通时：遇到红灯时，车不能直行，也不能左转，但可以右转通行；遇到绿灯时，车可以直行，也可以左转或右转。

2. 当路口是用方向指示灯（箭头灯）指示交通时：方向灯为绿灯时，指示可以行驶的方向；方向灯为红灯时，指示不可以行驶的方向。

例 2 《班级管理制度》

一个有序的班级，必须拥有严格的制度管理。没有规矩无以成方圆，没有严格的管理、严明的纪律，就会导致班风散漫、班纪松弛、班级管理失控，就不能保证良好的学习环境，就意味着班级管理的失败。因此，在一个新班级成立时，当务之急必须要做的就是制定一套行之有效的规章制度，将班级的日常学习生活秩序纳入规范管理。“严”字当头，创造一个有序的空间。制定《班级管理制度》，就是“定一定”的创新方法的运用。

例 ③ 一米黄线

人们到银行去存取款，填单子、数钱，这时，旁边围过来一些人，这种现象就容易出问题。怎么办？在后面划一根“一米黄线”，旁边写一行字：“请在一米黄线之外等候。”如果有人强行上来，就会有执勤人员上来维持。久而久之，人们见到一米黄线，就会自觉地排队，在一米黄线之外等候。显然，这条一米黄线就是“定一定”，就是“制度”，这种制度设计和制度安排，规范了人们在银行存取款、在机场安检，在很多类似的情况下预防出问题，减少了事故的发生。同时，人们见到这根“一米黄线”，就知道自觉地排在它的后面。这就是“定一定”的创新方法在生活中的应用。

启示：

要想更好地解决问题，需要订立规章制度。规章制度确定之后，不能总是沿用老办法、旧套路解决问题，需要更新。新的规章制度、更新的规章制度都需要“定”下来，这样才能提高工作效率，这就是运用“定一定”的创新方法。

作业：

1. 听（看）了刚才的例子，你有什么想法或受到什么启发？请说出你的想法或受到的启发。

2. 请把你刚才的想法或受到的启发写进创意表里。

3. 请把你的创意做成实物。

第二节　组合创新法

组合创新法是将两种或两种以上的物品进行合理有效的组合。组合创新法与“和田十二法”中“加一加”的创新法有点类似。

一、主体附加法

主体附加法首先要确定一个主体，然后分析主体还存在哪些不足之处或提出希望点，最后在不改变主体或略改变主体的前提下，对主体进行添加，使之发挥更大的作用。主体附加法也叫作附加式创新法。

例 1 自行车的附加

早期的自行车没有车铃，后来加上了车铃，从而变成了能够提醒行人和其他车辆让路的自行车。而在自行车上面增加“车闸”，提高了自行车的安全性，减少了车祸的发生。

在这里，自行车是主体，后来增加的都为附加物。

例 2 汽车的附加

现在的公路上汽车川流不息，同学们可曾想过 50 年前、100 年前汽车的样子吗？那时的汽车有保险杠吗？有里程表吗？有行李架吗？有消声器吗？有蓄电池吗？有刹车灯吗？有收音机吗？有空调吗？当时的汽车为什么没有这些附加设备？后来的汽车为什么有了？有了之后对汽车性能的发展起到了什么作用？经过一番又一番的联想，我们就会从中悟出一套相当有用的创新方法——“主体附加法”。

例 3 磁化杯

杯子是日常生活用品，其基本用途就是用来盛水和饮水。

磁化杯主要由杯胆、杯壳、杯盖和磁块组成。当旋动杯盖时，杯盖相对安装在杯胆内的磁块产生运动，使磁场产生变化。

很显然，这种磁化杯与普通杯子的区别，只不过是在杯子上加了两块磁铁而已。但是，这一添加却产生了普通杯子所没有的特性和功效。

启示：

在主体附加创新法中，主体事物的性能基本上保持不变，附加物只是对主体起补充、完善或充分利用主体功能的作用。比如，衣服上的衣兜、扣子、拉链、图案就是一种附加物；在牙膏中掺入某些药物，可使牙膏增加治疗口腔疾病的功效；在两块玻璃之间加入某些材料，便可制成一种防震、防碎、防弹的新型玻璃。这些都是增加主体功能的附加创新。

作业：

1. 听（看）了刚才的例子，你有什么想法或受到什么启发？请说出你的想法或受到的启发。

2. 请把你刚才的想法或受到的启发写进创意表里。

3. 请把你的创意做成实物。

二、同物组合法

同物组合法又称同类组合，是指由两个或两个以上相同或近于相同的事物组合，在保持事物原有功能或原有意义的前提下，通过数量的增加以弥补功能上的不足或求取新的功能。

例 1 两个以上的事物组合

2 根钢轨组合，变成了铁路。

3 根支架组合，变成了稳定的摄像机支架。

4 个轮子组合，成就了汽车。

多间房屋的组合，盖起了高楼大厦。

这样的例子还有很多。

例 2 直升机旋翼

一般的直升机只有一个旋翼，但是，有人把两个旋翼组合在一起，便发明了载重量达 160 吨的双旋翼直升机。

例 3 废锯条、易拉罐筒的组合

有人把 20 把同样的废锯条组合在一起做成锉刀，还有人用 300 个易拉罐筒组成救生筏。

启示：

在生活中，同物组合的方法有很多。比如，眼镜、手套、鞋子、双人床、母子灯、情侣表等，这些都是同物组合的例子。

作业：

1. 听（看）了刚才的例子，你有什么想法或受到什么启

发？请说出你的想法或受到的启发。

2. 请把你刚才的想法或受到的启发写进创意表里。

3. 请把你的创意做成实物。

三、异物组合法

异物组合法是指来自不同领域的两种或两种以上不同类型的事物所进行的组合。

例① 两种以上的事物组合

玻璃与铝组合，变成了铝合金门窗。

木屑与胶水组合，变成了胶合板。

钟表与炸药组合，变成了定时炸弹。

望远镜与步枪组合，变成了射击精确的狙击步枪。

例② 龙

据我国著名学者闻一多考证，龙是华夏民族在洪荒远古与兽为邻的时代，集多种动物之精华部分，如鹿角、马脸、牛眼、虎嘴、虾须、蛇身、鱼鳞、鹰爪等的惊人创造。但实际上，作为动物的龙并不存在，它只不过是一种图腾文化的结晶。

从创新的角度来讲，龙的出现就是异物组合创新的运用。

例③ 地质力学

我国著名地质学家李四光把地质学与力学组合起来，创立了地质力学，使传统的地质学相形见绌。地质力学使我国科技人员找到了探矿的新方法，从此我国的大庆、大港等油田先后被发现，令国际上许多地质学家刮目相看。地质学与力学是两个完全不同的学科，李四光把它们组合起来，创立了地质力学。

其实，在科学研究领域，学科与学科的组合很容易带来新突破，产生新创意。由于科研手段的发展和科研领域的拓宽，自然科学、技术科学与社会科学也可以进行组合。

启示：

通过以上案例，我们已经领略了异物组合法的风采。只要能创造性地运用异类组合创新法，即使是荒凉的戈壁滩也会变成欢快的乐园。

作业：

1. 听（看）了刚才的例子，你有什么想法或受到什么启发？请说出你的想法或受到的启发。

2. 请把你刚才的想法或受到的启发写进创意表里。

3. 请把你的创意做成实物。

四、材料组合法

材料组合法是利用各种化学、物理原理，将不同的材料组合起来，获得新材料的方法。

例 1 钢筋混凝土

有一次，法国园艺师约瑟夫·莫尼埃进行园艺设计，需要一个坚固结实的花坛。对于建筑这一行，他一窍不通；但是作为一名园艺师，他很熟悉植物的生长规律。他想到植物的根系密密麻麻地牢牢抓住土壤才能使参天大树屹立不倒。如果把这个原理应用在建筑中，不就能保证花坛坚固结实了吗？于是，他把土壤转换为水泥，把植物的根系转换为铁丝，把根系固定土壤转换为铁丝固定水泥。这样他建造了一个非常结实的花坛。很快，他的这项创新就在建筑界得到了推广应用，成为一种新型的建筑材料——钢筋混凝土。

例 ② 电缆

不同材料组合在一起，不仅可能改善原物品的性能，而且还可能带来新的经济效益。例如，现在电力工业使用的远距离电缆，其芯用铁制造，而外层则用铜制造，由两种材料组合制成的新电缆，不仅保持了原有材料的优点（铜的导电性能好，铁硬不下垂），而且还大大降低了输电成本。

例 ③ 合金钢

合金钢里除含有铁、碳外，还加入了其他的合金元素。合金钢的主要合金元素有硅、锰、铬、镍、钼、钨、钒、钛、铌、锆、钴、铝、铜、硼、稀土等。合金钢种类很多，通常按合金元素含量多少分为低合金钢、中合金钢和高合金钢。

启示：

材料组合法是为了使组合成的新材料较原材料表现出更好的强度、重量、成本等优势。想一想，针对耳机的线容易断，同学们能用材料组合法设计防折断的耳机线吗？哪些材料组合在一起，不仅可以改善原物品的功能，而且还能带来新的经济效益？怎样实现？

作业：

1. 听（看）了刚才的例子，你有什么想法或受到什么启发？请说出你的想法或受到的启发。

2. 请把你刚才的想法或受到的启发写进创意表里。

3. 请把你的创意做成实物。

五、方法组合创新法

方法组合创新法是指在生产工艺以及组织管理中，把两种以上的方法组合起来使用，产生新的效果。

例 1 自动洗澡机

世界首台自动洗澡机由日本美容器材和化妆品制造商AVANT所开发，机内装有13个喷嘴，可自动喷出温水，发出红外线和暖风，并有洗净露、沐浴泡沫和润肤乳，除脸部和头发外，全身上下均可清洗，全程18分钟，收费1000日元/次，当时售价相当于5辆轿车的价格。

例 2 组织团队的管理

方法组合创新法还体现在组织团队的管理实践中。公司或企业采用多种方法实现对资金、物流、人力资源等进行有效的管理。比如，在许多企业中，项目管理技术、ERP&CRM、ISO国际质量标准等管理方法并存，并创造出有自己特色的管理方法和模式，如ABC管理模式和海尔管理模式。

例 3 经典力学、电磁理论、相对量子力学的组合

开普勒天体运行三定律，伽利略的物体垂直运动与水平运动规律，法拉第的电磁感应理论，拉格朗日、哈密尔顿的数学方法，爱因斯坦的相对论，薛定谔方程等，这些在我们心目中可以说是完美的理论或方法，高不可攀，无法超越。可是，牛顿却组合了开普勒天体运行三定律和伽利略的物体垂直运动与水平运动规律，创造了经典力学，引发了以蒸汽机为标志的技术革命。麦克斯韦组合了法拉第的电磁感应理论和拉格朗日、哈密尔顿的数学方法，创造了更完备的电磁理论，由此引发了以发电机、电动机为标志的技术革命。狄拉克组合了爱因斯坦的相对论和薛定谔方程，创造了相对论量子力学，引发了以原子能技术和电子计算机技术为标志的新技术革命。

启示：

没有方法是不可以组合的，关键是看我们怎么去组合，能否找得到灵感或正确的方法。

作业：

1. 听（看）了刚才的例子，你有什么想法或受到什么启发？请说出你的想法或受到的启发。

2. 请把你刚才的想法或受到的启发写进创意表里。

3. 请把你的创意做成实物。

六、信息交合法

信息交合创新法也是一种组合创新方法，只是它的要素是广义的信息而不是狭义的产品。应用时，它往往借助坐标系来集合信息，并使各个信息要素相互交合，以产生出新的信息。因此，这种创新方法又称为坐标联想创新法。

例 1 曲别针的用途

一颗曲别针（回形针）究竟有多少种用途？你能说出几种？十种？几十种？还是几百种？

也许你会说一颗曲别针不可能会有如此多的用途，那么，这只能够说明你的思维不够开阔和发散。下面这个关于曲别针的故事告诉你的不只是曲别针的用途，更是一种信息交合创新方法。

1983 年，在广西南宁召开的中国创造学会首届学术研讨会上，日本的创造力研究专家村上幸雄先生捧来一把曲别针，说道：“请诸位朋友动一动脑，打破框框，看谁说出的曲别针用途最多？”

片刻，一些创造力研究专家踊跃回答：“曲别针可以别相片，可以用来夹稿件、讲义。”“钮扣掉了，可以用曲别针临时钩起……”

大家七嘴八舌，大约说了十多种用途，其中较奇特的是把曲别针磨成鱼钩去钓鱼，引来一阵笑声。

村上对大家在很短的时间能讲出 10 多种曲别针的用途，很是称道。人们问：“村上您能讲多少种？”

村上一笑，伸出 3 个指头。

“30 种？”村上摇头。

“300种?”村上点头。

人们惊异，不由得佩服村上聪慧敏捷的思维，也有人表示怀疑。

村上紧了紧领带，扫视了一眼台下那些透着不信任目光的眼睛，用幻灯片映出了曲别针的用途……这时，一位来自中国的以“思维魔王”著称的怪才许国泰先生向台上递了一张纸条。

“对于曲别针的用途，我能说出3000种，甚至3万种!”

邻座对他侧目：“吹牛不打草稿，真狂!”

第二天上午11点，他“揭榜应战”，走上了讲台，他拿着一支粉笔，在黑板上写了一行字：村上幸雄曲别针用途求解。原先不以为然的听众一下子被吸引了过来。

“昨天，大家和村上讲的用途可用4个字来概括，就是钩、挂、别、联。要启发思维，使思维突破这种格局，最好的办法是借助于简单的形式思维工具——信息标与信息反应场。”

他把曲别针的总体信息分解成重量、体积、长度、截面、弹性、直线、银白色等10多个要素，再把这些要素用根标线连起来，形成一根信息标。然后，再把与曲别针有关的人类实践活动进行要素分析，连成信息标，最终形成信息反应场。他从容地将信息反应场的坐标不停地进行组合。

通过两轴推出一系列曲别针在数学中的用途。如：把曲别针分别做成1、2、3、4、5、6、7、8、9、0，再做成+、-、×、÷符号，用来进行四则运算，运算出数字，就有一千万、一亿……

曲别针可创作曲谱；曲别针可做成英、俄、希腊等外文字母，用来进行拼读；曲别针可以与硫酸反应生成氢气；可以用曲别针做成指南针；可以把曲别针串起来导电；曲别针是铁元素构成，铁与铜化合是青铜，铁与不同比例的几十种金属元素分别化合，生成的化合物则是成千上万种……实际上，曲别针的用途，几乎近于无穷！他在台上讲着，台下一片寂静。与会的人们被“思维魔王”深深地吸引着。

许国泰先生运用的方法就是信息交合法。

例 2 开发香肠类系列产品

信息交合创新法是一种十分有用的创新方法。某食品厂在开发新产品的过程中，运用信息交合创新法开发出香肠类系列产品，以其创意新颖、质量上乘、方便适用的特点一举占领了目标市场。其信息交合方式是：以肠为信息基点，以肉禽类、水产类、水果类、药材类、形状类为信息标线，并在各信息标线上标出各信息点，然后按照信息层次进行交合思考。经过信息交合，企业发现有千百种风味独特的新品种，筛选出的海米肠、虾仁肠、益智肠、月桂肠、香蕉肠、菠萝肠、山楂肠等 20 余种已作首批开发。

在平面坐标系中，坐标系由两根数轴正交组成。横轴 X 和纵轴 Y 上的任一对实数都可以确定平面上的一个点 (X, Y)。在坐标轴上都标上不同的信息要素，那么由坐标系确定的点就是信息交合点，这样即可借助坐标系把所列的信息要素相互联系起来了，然后对每组联系作创新性想象，从中产生前所未有的新形象、新设想。再经可行性分析，可以确定可靠的创新课题。

作为信息交合的信息要素，可以是一些概念性的术语，如锥形、旋转、变色、空心、闪光、卧式，也可以是具体的产品，如钢笔、灯具、汽车、蛋糕等。通过“拉郎配”式的信息交合，可以突破思维定式，克服惰性意识，促使创新信息的产生。

启示：

应用信息交合创新法创新的过程，首先是选择信息要素并构建信息交合场，其次是思考交叉点含义，然后是对交合信息进行可行性分析。

作业：

1. 听（看）了刚才的例子，你有什么想法或受到什么启发？请说出你的想法或受到的启发。

2. 请把你刚才的想法或受到的启发写进创意表里。

3. 请把你的创意做成实物。

第三节　列举法

列举法是一种借助对某一具体事物的特定对象（如特点、优缺点等）从逻辑上进行分析并将其本质内容全面地、逐一地罗列出来的手段，再针对所列出的项目逐一提出改进的方法。

一、缺点创新法

缺点是发明创新的起点，是发明创造的要素，是发现问题的好方法。缺点创新法就是找到事物的缺点，然后再根据这些缺点进行创新的一种方法。

日常生活中使用的东西都是十全十美吗？不是的！从发展的眼光来看，世界上的一切事物都不可能尽善尽美，一旦找到这些事物的“缺点”并加以改进，事物就会在原有基础上得到新的提高。即便是工厂里正在生产的或市场上正在销售的各种商品，也并不是完美无缺的，它们都或多或少地存在这样或那样的缺点。

1. 案例

例 1 电话的缺点

自1875年贝尔发明第一部磁石电话机已经一百多年了。随着社会的进步和科学技术的不断发展，世界各国竞相研制出多种多样的新型电话机。从创新思考的角度来看，这些新型电话机的开发，是以发现现有电话机的缺点为创新背景的。

例如，便携式移动电话机，克服了固定式电话机不能移动的缺点；

可视电话机，克服了一般电话机无法看见通话者形象和活动的缺点；

防窃听电话机，克服了一般电话机能被第三者窃听谈话内容的缺点；

声控电话机，用声音识别代替号码盘，克服了一般电话机要拨号的缺点；

自动应答录音电话机，克服了普通电话机既不能将对方讲话内容记录下来，也不能帮助主人简单应答的缺点；

灭菌电话机，克服了一般公用电话机送话筒缺乏防止病毒传染性能的缺点。

例 2 灯的缺点

灯的对话：

白炽灯：我最古老，你们都是我的子孙后代。哈哈！

卤钨灯：老白，你的发光效率低、寿命也短，我来改进你。

荧光灯：我是诞生最早的气体放电型电光源。

节能灯：我是您的直系后代，改进了您的很多缺点。

高压汞灯：我透雾性强，适合机场、广场等地使用，唯独显色指数太低了。

高压钠灯：我和你差不多啦，缺点都是要求冷启动。

例 ③ 运动鞋的缺点

日本有个名叫鬼冢八郎的人，有一次他听朋友说："今后体育大发展，运动鞋是不可缺少的。"在别人听起来一句很普通的话，却引起了鬼冢八郎的思考。经过深入思考，鬼冢八郎决定加入生产运动鞋的行业。他考虑，如果要在运动鞋制造的行业中获得成功，就必须要做出其他生产厂家所没有的新型运动鞋。

由于是刚刚起步，他没有研究人员，又缺乏资金，所以他不可能像实力雄厚的企业那样投入大量的人力和资金去开发研究新产品。但是他没有灰心，而是考虑所有的商品都不是完美无缺的，如果能抓住哪怕是很小的缺点进行改革，就一定能研制出新的商品来。

于是，他真的选择了一种篮球运动鞋来进行研究。鬼冢八郎先访问了一些优秀的篮球运动员，让他们谈谈目前篮球鞋存在的缺点。几乎所有的篮球运动员都说："现在的球鞋容易打滑，走路不稳，这样对投篮的准确性有很大的影响。"而且，他还和运动员一起打篮球，对大家伙所说运动鞋的这一缺点有了亲身的体验，然后他开始围绕篮球运动鞋容易打滑这一缺点进行改进。

一天，鬼冢八郎在吃鱿鱼时，忽然看到鱿鱼的触足上长着一个个吸盘，他灵机一动，心想：如果把运动鞋底做成吸盘状，不就可以防止打滑了吗?！于是按照这一设想，他就把运动鞋原来的平底改成凹底。

试验结果证明，这种凹底篮球鞋比平底的在走路时要稳得多。后来，鬼冢八郎发明的这种新型凹底篮球鞋问世了，得到了市场上消费者的认可，并逐渐排挤了其他厂家生产的平底篮球鞋，成为独树一帜的新产品。

鬼冢八郎的这种方法，就是缺点创新法的体现。

2. 应用缺点列举法的两个阶段

(1) 列举缺点阶段（列缺点）。

注意点：

①列举的缺点越多越好；

②挑出主要缺点；

③主体宜小不宜大。

(2) 探讨改进方案阶段（定方案）。

根据原因找到解决的办法，应按照缺点、原因、解决办法和新方案等列成简明的表格，从中选择最佳或最适合的方案。

缺点列举法的流程，首先是寻找创新需求。寻找创新需求的方法是列举缺点。列举缺点的方法可以征求用户意见，可以通过开会列举缺点，也可以运用对比分析法找出缺点。然后根据所列出的缺点形成创新课题，再根据创新的课题进行改进、设计，最后进行评价。根据评价的意见再改进，再进行方案设计。然后进行技术设计。最后才是取得的创新成果。

作业：

1. 听（看）了刚才的例子，你有什么想法或受到什么启发？请说出你的想法或受到的启发。

2. 请把你刚才的想法或受到的启发写进创意表里。

3. 请把你的创意做成实物。

二、希望点列举法

希望点列举法是对现有物品提出一些希望点，然后再根据希望点去发明创新的方法。这些希望既反映了人们对新产品的向往与追求，又反映了人们当前或者今后的需要。希望的背后往往是新问题和新矛盾的解决与突破。

1. 案例

例 1 鞋的希望点

一天，英国发明家维利·约翰逊同一位鞋厂老板聊天，老板正在为产品滞销发愁，希望能发明出更畅销的鞋。

当晚，约翰逊躺在床上，琢磨怎样帮助鞋厂老板出奇制胜。在不经意间，他回忆起一件往事。上小学时，为了计算从家里到学校的路程，他常常边走边数，看从家里到学校一共要走多少步，然后再量出一步的距离，便可大概计算出从家到学校的路程。想到这里，约翰逊的脑海突然冒出一个想法，如果发明一种可以测量距离的“计步鞋”，肯定畅销。

经过深思熟虑后，约翰逊便动手干起来，他在一双经特别加工的鞋垫内设计有微电脑，鞋面则装有显示器。穿鞋的人每走一步，所走距离的数据便会在鞋面上显示出来。在知识产权局申请专利后，约翰逊穿着样鞋，当众在屋里走了一圈，显示的数据与办公室的实际周长完全吻合。后来，他又对“计步鞋”做了进一步改进，开发出穿上后可以计算时间、测量距离、显示一个人跑步速度快慢的“测速鞋”。

“测速鞋”投放市场后，深受中小学生和运动员的喜爱，被誉为“魔鞋”。在欧美上市的第一年就销售了 10 万多双。

例 ② 列举不同的希望

希望点列举法应用范围十分广泛。实际上古往今来许许多多创新都是根据人们的“希望”产生的。

比如，人们希望夜如白昼，就发明了电灯；

人们希望电风扇吹出的风能像自然风那样柔和舒服，于是就有人发明了模拟自然风的风扇；

人们希望能留住自己的声音，于是发明了留声机；

人们希望打电话时能看到对方的形象，就发明了可视电话；

人们希望自己能像鸟一样飞翔，于是发明了飞机。

我希望手机价格低一些、待机时间长一些；

我希望汽车耗油量少一些、噪声小一些；

我希望电动车不用充电；

我希望有个家庭机器人帮助我打扫卫生，等等。

例 ③ 未来的自行车什么样子?

希望手把低一些，骑得舒服；

希望颜色要绚丽，很抢眼；

希望结构简洁；

希望座位有靠背；

希望能装很多东西；

希望脚累了可以换手操作……

希望点列举法和缺点列举法在形式上很相似，但是在实际应用中是不同的。“缺点列举法”是围绕已有事物的缺点而提出各种改进方案，不会脱离原来的事物，它是一种被动型的创新方法。“希望点列举法”则是从人们的愿望出发提出新设想、新创意和新希望，它可以不受已有事物的束缚，是一种主动型的发明创新方法。

2. 希望点列举法的操作步骤

（1）确定发明创新的对象；

（2）尽量充分列举被发明创造对象的希望点；

（3）对希望点进行分类整理，找出合理的希望和不切实际的希望；

（4）根据列举的合理的希望点进行创新设计。

作业：

1. 听（看）了刚才的例子，你有什么想法或受到什么启发？请说出你的想法或受到的启发。

2. 请把你刚才的想法或受到的启发写进创意表里。

3. 请把你的创意做成实物。

三、特性点列举法

特性点列举法是由美国创造学家克拉福德于 1954 年提出的一种创新方法。它是通过对创新对象特性的分析，逐一列举出其特性，然后探讨能否创新及怎样创新的方法。

1. 案例

例 1 化整为零，问题越小越好

一般来说，要解决或创新的问题越小越容易获得成功。例如，要创新一辆汽车，即使采取头脑风暴创新法，也很难得出新的设想。因为它涉及的方面太广泛了，很难一下子就把问题把握住。但是如果把汽车分成各个不同的部分，如气缸、轮胎、车身、内燃机等，这样就会比较容易提出新的构想，进而找到解决问题或进行创新的办法。

例 2 对特性分析得越详细越好

在运用特性列举创新法时，对事物的特性分析得越详细越好，并且尽量从各个角度提出问题，以便能够得到更多的启发。比如，我们要创新一种水壶，就可以围绕水壶的特性，提出下列问题：冒出的蒸汽怎样才不会烫手，蒸汽孔能否移到别处；焊接的地方是否能采用其他的办法来连接；除了铝之外，是否还可以使用更廉价的材料等。假如把水壶的蒸汽口设计在壶口，当水被烧开的时候，它会自动鸣笛，蒸汽不经过手柄，所以提壶的时候也就不会烫手了。水壶外壳也可以改成倒过来冲压成形，再焊上壶底，这样的水壶不仅外形美观，而且省去了壶盖，水开了又会自动鸣笛，还可以节省能源，这就是市场上畅销的鸣笛壶。

例 ③ 用特性点列举法创新一个盛水的杯子

(1) 列举“名词”特性。

组成部分：杯身、杯盖、杯把手、杯底、杯肚。

提出构想：

杯盖可以改成塑料盖，可以做成艺术品；

杯底可以是双层的或者中空的。

(2) 列举“形容词”特性。

水杯的颜色：白、绿、蓝、红等；

形状：圆形、方形或者特殊形状，有高有低，大小不同；

提出构想：可以做成各种生物的形状。

(3) 列举“动词”特性。

功能：冲水、盛水、测量、保温等。

提出构想：

杯子上刻上刻度可以当量杯；

杯子上装上温度计可以测量水温。

2. 特性点列举法的操作步骤

(1) 列出发明创新对象的特征。一般事物的特征包括以下三个部分：

①名词特征——全体、部分、材料、制造方法；

②形容词特征——性质、状态；

③动词特征——功能。

(2) 从各个特性出发，通过提问，诱发出可用于发明创新的创新设想。这时，可采用智力激励等方法，产生出众多的设想，然后通过检核、评价，挑选出好的设想。

作业：

1. 听（看）了刚才的例子，你有什么想法或受到什么启发？请说出你的想法或受到的启发。

2. 请把你刚才的想法或受到的启发写进创意表里。

3. 请把你的创意做成实物。

第四节　想象和联想创新法

一、想象创新法

想象是人脑对原有的表象加工改造，创造新形象的心理过程。

想象力是一种高级的认识能力，是大脑对原有表象进行加工改造，形成新形象的心理能力，它渗透到学习活动的一切方面，对掌握新技术，对发明创造有巨大作用。

想象的特点具有形象性和新颖性。

想象的种类分为有意想象和无意想象。有意想象是有预定目的、自觉进行的想象。其中有意想象又分为再造想象和创造想象。无意想象是没有预定目的，是在一定的刺激影响下，不由自主引起的想象。

想象创新法是人们对头脑中已储存的表象进行天马行空，独来独往，漫无边际的遐想、狂想，创造出新的东西来，这种创新方法就叫作想象创新法。

例 1　“太阳中心说”

哥白尼当初提出“太阳中心说”这一假说时，连天文望远镜都没有。但是没有天文仪器，并不等于不能运用想象。哥白尼当时在一些不利条件下，大胆地想象，勇敢地重新构想新的宇宙体系："也许能够找出这些图形的一种更合理的排列，使每一个明显的偏差都可以从它推出来。根据这种排列，每个天体都在绕它合适的中心均匀地移动着……"后来，他在《天体运行论》一书中还描述了自己想象中的宏伟天象："在所有这些行星中间，太阳傲然坐镇，高居于王位之上，统治着围绕膝下的子女一样的行星。"想象让哥白尼走出"地心说"的错误，创造出了与之对立的"太阳中心说"。

法国幻想家儒勒·凡尔纳说："一个人产生的想象，另一些人就能将想象变为现实。"美国物理学家、"火箭之父"戈达德认为，很难说有什么办不到的事，因为昨天的梦想，可以是今天的希望，还可以成为明天的现实。

例 2 《世界青少年游戏地图集》

在美国长岛，有一次，小埃坦好奇地问叔叔罗比·伯曼："以色列在什么地方？"叔叔打开地图，告诉埃坦以色列的位置。见到地图，埃坦眼睛一亮。原来，小埃坦看到地图上的国家就像一幅幅栩栩如生的图画。埃坦对叔叔说："你瞧，喀麦隆就好比一只正摆姿势照相的大袋鼠。厄立特里亚活像一棵树。葡萄牙和西班牙，就如同一个留着西班牙发型的妇女头像。"说到突尼斯的时候，小埃坦用笔在其东、西部边界各画了一道半圆形圈儿，他问叔叔像不像一个人的膝盖。小埃坦丰富的想象力让他的叔叔伯曼大为震惊，因为这些国家在地图上的形状，还真像埃坦所描述的那样。

精明的罗比·伯曼立即意识到：小埃坦的想象表明形象思维有其独到之处，这是帮助人们学习地理知识的好方法。也就是说，借助形象思维可以绘制出生动形象的游戏地图来，这样的地图一定会畅销。

从此，叔侄俩人紧密合作，凭借小埃坦丰富的想象，小埃坦每说出一个国家的形状，这些形状还真能让人越想越像，伯曼就赶紧在地图上标示出来，并用文字记录。经过两个人四年多的努力，终于编出了《世界青少年游戏地图集》。

例 3 科罗廖夫发射人造卫星

20 世纪 50 年代，苏联决心研制洲际导弹。在研制过程中，火箭专家科罗廖夫突发奇想，提出发射人造地球卫星的打算。周围的人听说后都认为这是异想天开，甚至有人开玩笑说：“谁会要人造卫星那玩意儿呢？让科罗廖夫去开发那种新型儿童玩具吧。”多数人不再理会这件事，但科罗廖夫没有泄气。1957 年 10 月 4 日，他抱着试试看的心理，把世界上第一颗人造地球卫星——“同行者”按发射导弹的方式射向天空。人造地球卫星顺利地进入轨道，并发出声音信号。谁也没想到，这个想象的实现在全球引起了强烈的反响。各国科学家们纷纷表示祝贺，还预言人类从此进入了一个新的太空时代。科罗廖夫的同事说：“我们以为，这颗人造卫星对我们来说无关紧要……然而大大出乎意料，全世界都为之瞩目。这时，我们才意识到，我们干了一件很了不起的事情。”

作业：

1. 听（看）了刚才的例子，你有什么想法或受到什么启发？请说出你的想法或受到的启发。

2. 请把你刚才的想法或受到的启发写进创意表里。

3. 请把你的创意做成实物。

二、联想创新法

当你研究一个创新对象时，把你已经知道的物品或曾经看到的某种现象同研究的对象联系起来并加以比较，从中受到启发，或者是对某种技术的模仿和借鉴，从而打开思路，创造出新的东西来，这种创新方法就叫作联想创新法。

例 1 自动取款机

谢泼德·巴伦出生于印度，他的父母都是英国苏格兰人。他高中毕业后考取了剑桥大学，学成后，应聘到了苏格兰一家印刷厂当职员。7 年后，巴伦凭借他卓越的才干，正式成为这家印刷厂的总经理。

就在他上任经理的第二天，便恰谈了一笔重要生意。他们与英国一家书商正式签订合同，要为书商印刷 10 万册的新书。但前提是，印刷厂必须先提供书商 5 万英镑，用于新书的宣传和版税等事宜，等 10 万册新书印刷完毕后，他们会将这笔启动资金与印刷费一并支付。

这一天，是双方约定交钱的日子。但巴伦同时在谈另外一笔生意，考虑到时间会很充裕，他便准备将这笔生意谈妥后再到银行给书商汇款。可没有想到，这笔生意谈得并不顺利，但由于利润很大，巴伦不想放弃，于是他便与这家公司代表苦苦周旋。等他把这笔生意谈妥后，他叫上秘书带上钱赶到银行，可不巧的是，银行正好关门，任凭他怎么哀求，都无济于事。

为了讲信誉保住这笔生意，他只好亲自驾车往书商那里赶，可能是由于太急，也可能是由于路程太远驾驶疲劳，当快要到达目的地的时候，巴伦的车撞在了路杆上，幸好有警车路过，救了他，并替他把钱送到了书商手里。

巴伦受伤不轻，就在附近的医院疗伤。他恼火极了，恨透了银行，心想，要不是银行关门，就不会有这一系列的问题发生。他突然想，能不能制造一款机器，能代替银行的功能，免得急需用钱或是汇钱的人在银行关门期间因无法办理而着急，可想归想，该如何解决这一问题呢？他苦苦思索却不得要领。

一转眼，半个月过去了。这一天，公司有急事，他必须立即出院，哥哥赶过来接他，赶到时已是深夜。哥哥带来了侄女的亲笔信，孩子稚嫩的问候让巴伦非常感激，他决定给侄女带一些好吃的回去，可此时已是深夜，所有的商场都已关门，他去哪里买东西呢？他只好坐上车，边走边看。正在这时，他突然发现一家商场门口有自动巧克力售货机，他如获至宝，急忙下车投币买巧克力。

回到车上，他还在庆幸自己看到了这个巧克力售货机。可就在这时，他灵光一现，如果把巧克力售货机里的巧克力换成钱，再制作一个操作系统，不就可以实现钱的自由存取了吗?!他为自己的这个灵感而激动不已。

第二天，他回到家，没有休息，便直接来到英国巴克莱银行，找到了董事长说出自己的想法，而那位董事长只听了不到30秒便直接对他说，如果他能将这种机器设计出来，他们将购买第一台机器。

巴伦顿时充满了信心，便开始构思与设计。经过两年的精心研究和制造，1967 年 6 月 27 日，在伦敦北郊的英国巴克莱银行安装了世界上第一台自动取款机，巴伦称之为“自由银行”。当时，塑料银行卡尚未诞生，银行客户使用一种经过化学加工的特殊支票提取现金。客户将支票放入取款机抽屉，输入个人密码，取款机的另一个抽屉便会开启，提供 10 英镑面额的钞票。

再后来，这种被巴伦命名为“自由银行”的机器便被广泛应用起来，并得到了不断的改进，最后被命名为“自动取款机”，简称 ATM 机。

自动取款机的发明，就是运用联想创新法获得成功的。

例 2 免加水饮水机

1902 年，美国人威利斯 · 开利发明了第一台饮水机。饮水机的出现在为人们饮水带来方便的同时，更重要的是为人们带来了健康和一种全新的饮水理念，此后，各种款式的饮水机相继被开发出来。

在众多的饮水机中，独有德国生产的“免加水饮水机”更加引人注目。这种饮水机的最大特点是一年四季不用往饮水机里加水就可以生产“纯净水”，只需按下“放水阀”，就会有源源不断的“甘泉”流出来，这是怎么回事呢？难道是天上掉下来的水？太神奇了。

其实，这种饮水机并不神秘。有一定常识的人都知道，在空气中含有大量的水分子。通过实验证明，一般地区的年均空气湿度为 62%，哪怕是在最干旱的沙漠中，空气的年平均相对湿度也可达到 51%，相当于每立方米空气中含有 11 毫升水。科学家正是利用了置换原理，把空气中的“水分”分离出来，从而创新了“免加水饮水机”。

这项发明的选题是非常绝妙的，发明人首先联想到空气中存在大量的水分子，然后利用一定的物理手段，把水分子进行冷凝后产生的水滴收集起来并进行储存，再经过过滤、杀菌处理后就变成可以饮用的“纯净水”了。

我们还可以从联想的不同类型，采用不同的联想方法，去进行发现和创新。联想的方法一般分为自由联想、对比联想、相似联想、接近联想和强制联想。

联想可以在特定的对象中进行，也可以在特定的空间里进行，还可以进行无限的自由联想。而且这些联想都可以产生出新的创新性设想，获得创新成果。

1. 自由联想创新法

自由联想创新法是在人们的心理活动中一种不受任何限制的联想。这种联想大都能产生许多出奇的设想，但不容易获得成功，可有时也往往会收到意想不到的创新效果。

比如，注射青霉素前要进行过敏试验。过去采用的是皮下试验，这种试验除了病人有痛感和试验时间长以外，还会出现假阳性、假阴性，造成误诊。有一种“注射青霉素过敏快速试验法”是由上海新巷地段医院的朱长生医生创新的。他经过研究发现，在青霉素的结构中有带负电荷的酸根。这时他就想到用电导原理，将青霉素透入皮肤内。根据这一设想试验，果然有效。低压直流电不仅能使青霉素透入皮肤内，而且还由于电流促进血液、体液的流动以及神经系统的生理和生化作用，提高了试验的敏感度，只要 5 分钟就可以得到试验结果。

2. 接近联想创新法

接近联想创新法是对功能、结构、作用、方法等相近事物进行联想，从而设计新的创新项目。

比如，地铁的发明。19 世纪中叶，英国伦敦的交通十分拥挤，马路窄小，人流如潮，每当遇到马车通过，整条道路便被堵得水泄不通，这极大地影响了居民的工作和生活。

有一位名叫查理斯的法官，对伦敦的交通拥挤有深刻的体会。因为每年他不知要处理多少起因车辆拥挤而引发的纠纷。他强烈要求政府改善交通状况，可自己一时也提不出什么好的建议。一天，他忽然想到："要改变城市交通状况，必须提高人的流动速度。马车载人少，而且速度慢，自然容易引起交通堵塞。但不用马车，又有什么理想的交通工具呢?""对了，用火车最理想。它载人多，速度又快。"查理斯转而一想，自己又否定了这一设想，"不行，火车在城市里怎么跑呢?"查理斯又陷入了深思。

有一次，他在家里做卫生时，发现墙角边有个老鼠洞口。这个老鼠洞一直通到墙外。查理斯自言自语地说："老鼠真厉害，白天不敢在地上活动，就转入地下活动。"此时，查理斯的脑海中忽然迸发出一串智慧的火花："老鼠无法在地上活动，就转入地下活动；火车无法在地上行驶，可不可以也转入地下行驶呢?"查理斯对这一设想进行了论证。经过缜密的分析，他认为"让火车入地"这一方案是切实可行的。

1863 年 1 月 10 日，世界上第一条浅层地下铁道建成并投入使用。这条地道是由蒸汽机车牵引的，居民出于好奇，争先恐后地乘坐地铁。可是不久，人们便对地铁不感兴趣了，他们宁愿乘坐马车或者走路，也不愿意乘坐地铁。因为地铁隧道内终日浓烟滚滚，气味呛人。蒸汽机排出的水蒸气、燃料燃烧产生的烟雾、煤气灯泄漏的煤气全部聚集在隧道内。

此时，电动机正在一些行业崭露头角，于是，就有人设想用电动机代替蒸汽机："能不能发明一种不冒烟的列车呢？"

经过许多专家的努力，1896 年，在匈牙利首都布达佩斯，诞生了世界上第一辆电动地铁列车。它没有污染，行驶速度快，因此深受人们的欢迎。此后，电动地铁列车相继出现在世界各大城市。

由鼠洞在地下，联想到在与之空间接近的地下开挖隧道，由此发明了地铁，这里使用的便是接近联想创新法。

3. 对比联想创新法

由有对比关系或完全相反的事物引发的联想，称为对比联想。从对立的、相反的角度去思考问题，打破常规，克服心理定式，悟出创新思路，就称之为对比联想创新法。

比如，在北极圈内，几乎常年都处于严寒之中。生活在那里的因纽特人，由于没有泥土和沙石，只能将冰块切割成砖来建房。冰屋内的温度可以保持在摄氏零下几度到几十度，相对于-50℃的屋外，已经暖和多了。但是，屋内不能生火，否则冰屋便会融化。

在这样天寒地冻的地方，如果将冰箱卖给他们，他们能接受吗？那岂不是跟向赤道居民推销取暖器一样愚蠢？可是，一位叫沃特森的美国人做到了。

旅行家沃特森曾经目睹了因纽特人的生活状态，在那里，他感觉自己像置身于一个巨大的冰箱中。同行的一位朋友开玩笑说，这个世界上，也许只有这里才不需要冰箱。沃特森想了想同伴的话，灵光一闪，他说："我看未必。"然后，他兴奋地向朋友保证，他有办法将冰箱卖到北极。朋友听后哈哈大笑，说他傻得可爱。

沃特森还是按照自己的方式去做了。他首先找到一位因纽特人，向他演示冰箱的另一个作用：将自己带去的啤酒和矿泉水，以及因纽特人刚刚捕获的猎物一起放入冰箱，然后将冰箱的温度调到4℃。第二天，当他们打开冰箱时，那些东西都没有结冰。

而在以前，这种情况是不可能的。因纽特人储存东西的办法很简单，就是将食物随地一丢，因为不管东西放在哪里，低温的环境都不会使食物腐烂变质。等到做饭的时候，他们则需要在屋外架起一口大锅，点燃动物的皮毛或者皮下脂肪，烧一锅开水先将结冰的食物解冻。

现在有了冰箱，就可以省略做饭前解冻食物的程序。因纽特人笑了，欣然邀请同族人一起接受了沃特森的建议。将冰箱卖到北极，这件看似极不可能的事情就这样让沃特森轻而易举地做到了。沃特森的成功就在于对比联想：冰箱可以用来冷冻食物，也可以用来防止食物结冰。

4. 相似联想创新法

相似联想创新法是指根据事物之间的形式、结构、性质、作用等某一方面或几个方面的相似之处进行联想。将两种不同事物间某些相似的特征进行比较。

比如，蜂房结构的应用。航天飞机、宇宙飞船、人造卫星等太空飞行器要进入太空持续飞行，就必须摆脱地心引力，这就要求运载它的火箭必须提供强大无比的能量。同时，太空飞行器自身重量越轻，就越能减轻运载火箭的负担，也就能使太空飞行器飞得更高、更远。为了减轻太空飞行器的重量，科学家们绞尽脑汁，与太空飞行器“斤斤计较”。可是减轻太空飞行器重量，还要考虑到不能降低其容量和强度，而要达到上述目的相当困难。科学家们尝试了许多办法但是都没有获得成功。最后还是蜜蜂的蜂房结构让科学家们解决了这个难题。

蜂窝是由一些一个挨一个、排列得整整齐齐的六角形小蜂房组成的。18 世纪初，法国学者马拉尔琪测量到蜂窝的几个角都是有一定规律的：钝角等于 109°28′，锐角为 70°32′。后来经过物理学家列奥缪拉、数学家克尼格、数学家马克洛林先后多次的精确计算，得出一个结论：要消耗最少的材料，来制成最大的菱形容器，它的角度应该是 109°28′和 70°32′，也就是说，蜜蜂蜂窝结构是容积最大且最节省材料的。但从正面观察蜂窝，它是由一些正六边形组成的，既然如此，那每一个角都应是 120°，怎么会有 109°28′和 70°32′呢？这是因为蜂窝不是六棱柱，而是底部由 3 个菱形拼成尖顶构成的“尖顶六棱柱”。我国数学家华罗庚准确指出，在蜜蜂身上，腰围确定的情况下，尖顶六棱柱的蜂房用料最省。上述蜂房结构不正是太空飞行器结构所要求的吗？于是，在太空飞行器中采用了蜂房结构，即先用金属制造成蜂窝，然后再用两块金属结构，这种结构的太空飞行器容量大、强度高，且大大减轻了自重，也不易传导声音和热量。因此，今天我们见到的航天飞机、宇宙飞船、人造卫星都采用了这种蜂房结构。

5. 强制联想创新法

一般的创新活动，鼓励自由奔放的联想，这样可以引起联想的连锁反应，诱发出许多有益的创新设想。然而，在现实中，有时所提供的两种事物根本就风马牛不相及，但由于实际需要，也得将它们强扭在一起，从中逼出创意。这种创新方式，我们称之为强制联想创新法。

比如，某家具厂专业生产皮面高档靠背椅，市场反应很好，急需扩大生产规模。可厂区四周已无空间，寸土难得。相邻的衡器厂生产磅秤，质量不错，但是在激烈的市场竞争中还是败下阵来，境况

不佳。家具厂有心兼并衡器厂，但无力处理该厂一条先进生产线。为了寻求最佳方案，两家企业都发动员工，积极想办法。但时过数月，一无所得。有一天，一位工人提出了一个怪想法，倒引起了大家的兴趣。他用的是强制联想法。他将椅子与磅秤这两个毫无瓜葛的东西强扭在一起——生产能自动称量体重的椅子。其理由是：高档皮椅的消费者多数是条件优越的人，这些人需要减肥的多。椅子时时提醒体重，必受欢迎。再说，家中偶尔需要称量重物时，也很方便。这个创意，两个厂的员工都觉得很新鲜。

历史的误会将椅子和磅秤联了姻，真是乱点鸳鸯谱，但是，强制之下有结果，很值得深思。将椅子与磅秤嫁接在一起，生产称量体重的靠背椅，不管这一创意最后是否落实到行动上，新产品是否投入生产，但是作为强制联想的创新案例，收获已经不小了。

客观事物间的相互关系从现在看来无关，不一定永远无关，有多少过去无关的事物，今天被“扯”上了关系？像充气与床

垫、机关枪与播种、帽子与风扇、蛋糕与音乐、房屋与蘑菇、秤与声音、治病与玩具、石头与纸、书与香味等以往互不相干的事物，也都被人们联想到一起，并创新出充气床垫、播种机枪、帽子风扇、音乐蛋糕、蘑菇形房屋、声音秤、医疗玩具、能包火的石头纸、香味书等崭新事物。

作业：

1. 听（看）了刚才的例子，你有什么想法或受到什么启发？请说出你的想法或受到的启发。

2. 请把你刚才的想法或受到的启发写进创意表里。

3. 请把你的创意做成实物。

第五节　移植和仿生创新法

一、移植创新法

俗话说：“他山之石，可以攻玉。”吸取、借用某一领域的原理、方法、结构的成果，引用到其他领域，用来进行创新的方法，就叫作移植创新法。

例 1　直接移植创新法

直接移植创新法是把某一个领域的技术、原理直接“搬”到另一个领域，如拉链的发明源于取代鞋带，后来人们将拉链直接移植到衣帽书包等上面；将家用吸尘器的工作原理直接移植到汽车用吸尘器的设计上；将国外企业的全面质量管理技术直接移植到国内企业的经营管理上。这类移植比较接近于类比，它的创新程度相对较低。

例 2 间接移植创新法

间接移植创新法是把某一事物的结构、方法、原理，加以某种改造，再扩散到其他事物或领域，以创新出新事物、开发出新领域。如有人把面包的发酵技术移植到橡胶工业中，发明出海绵橡胶；如果将此原理或技术移植到混凝土构件玻璃制品的制造工艺中，人们又会得到什么呢？

在创新过程中，由于技术水平或其他条件的局限，人们对研究对象的认识受到一定的限制，但对它的基本原理却有一定的认识，在这种情况下，可以根据基本原理和已获得的少量信息，从其他领域的事物寻求启发，进行推测移植，以创新出新事物或新技术。如在对引进的国外先进机电产品进行反求设计时，需要推测其中的关键技术，以开发同类新产品，这时就要用到推测移植。

如果从技术要素的角度看，移植过程中会出现原理移植、方法移植、功能移植和结构移植。

1. 原理移植创新法

原理移植创新法是将某种原理向新的领域类推或外延。不同领域的事物总是有或多或少的相通之处，其原理的运用也可相互借用。

例 1 消毒剂

法国微生物学家巴斯德在实验中发现酒变酸和肉汤变质是由于细菌所致。英国著名外科医生利斯特看到巴斯德的这一实验报告后联想到：细菌使肉汤变质，那么手术后病人的伤口化脓溃烂可能也是由细菌引起的。于是，利斯特便将巴斯德发现的这一理论移植到医疗领域，结果发明了外科手术用的消毒剂。

例 2 美国的铁路

美国的铁路，两轨之间的距离是1.435米。1.435米是一个很奇怪的数据，它究竟是从哪里来的呢？原来这是英国的铁路标准，因为美国的铁路最早是由英国人设计建造的。

为什么英国人要采用这个标准呢？原来英国的铁路是由修建电车轨道的人设计的，而这个1.435米正好是电车所采用的标准。

电车轨道的标准又是从何而来的呢？原来最先造电车的人过去是造马车的，而他们采用的是马车的轮宽作为标准。

为什么要采用马车轮宽作为标准呢？因为古代的马车如果采用其他轮距的话，马车的轮子很快就会在英国的老路上被撞坏。为什么会这样呢？因为这些路上的辙迹宽度为1.435米。

这些辙迹又是从哪里来的呢？答案是古罗马人定的，因为1.435米是罗马战车的宽度。如果有人采用不同的轮宽在这些路上行走的话，那么车轮的寿命就不会很长。

将战车的原理用于修建铁路，处理铁轨之间的宽度，这也是原理移植创新的例子。

在知识创新中，人们常常运用移植探索科学新方法或新理论。某种学科方法的横向移植可以产生出新学科方法。譬如，数学方法不但在自然科学领域得到广泛运用，而且日益向社会科学移植，形成了计量经济学、算法语言学、计量历史学、定量社会学等。

2. 方法移植创新法

方法移植创新法是将已经有的技术、手段或解决问题的途径应用到其他新的领域。

例 ① 扑灭实验室里的大火

在一个化学实验室里，一位实验员正在向一个大玻璃水槽里放水，水流很急，不一会儿水就灌得差不多了。于是，那位实验员去关水龙头，可是万万没有想到的是水龙头坏了，水龙头怎么也关不住。如果再过半分钟，水就会流出水槽，流到工作台上。水如果浸泡到工作台上的仪器，里面正在发生化学反应的药品，一遇到空气就会突然燃烧，几秒钟内就能让整个实验室变成一片火海。实验员们面对这一可怕的场景，都惊恐万分，他们知道谁也不可能从这个实验室里逃出去。那位实验员一边去堵水龙头，一边绝望地大声叫喊起来。这时，实验室里一片沉寂，死神正一步一步地向他们靠近。

就在这时，另一位实验员突然想到这种场景与“司马光砸缸”很相似，便将手中捣药用的瓷研杵猛地投进玻璃水槽里，“叭”的一声，水槽底部被砸开了一个大洞，水直泻而下，实验室一下子转危为安。

将“司马光砸缸”的方法移植到实验室里，这就是方法移植创新的案例。

例 2 解决火箭发动机难题

山西省科协原副主席关原成有一次到航空航天系统的研究单位去做创造力开发培训，当时听讲的人都是航空航天领域的科技人员。关原成并不是学卫星、造飞机的。他连续讲了四天。在一次课堂上进行创造力开发训练的时候，有人举手，关原成以为举手的人要请假出去，因为那个地方管理很严，听他做报告要通过两道“手续”：登记、点名，多一个人不行，少一个人也不行。所以这个人举手，关原成以为他是想请假出去。没想到，举手的人站起来说：“受启发了！受启发了！火箭发动机的难题我有办法解决了！”当时关原成讲的内容与火箭发动机毫无关系，这个人受开发创造力方法的启发，解决了火箭发动机的难题。这是把开发创造力的方法移植到解决火箭发动机的问题上。

3. 功能移植创新法

功能移植创新法是将此事物的功能为其他事物所用。许多物品都有一种已为人知的主要功能，但还有其他许多功能可以开发利用。

例 1 紧身裙玻璃瓶

1923 年，25 岁的青年鲁托是美国一家玻璃瓶公司吹玻璃瓶的工人。有一天他的女朋友来访，她穿着流行的紧身裙，美极了。这种裙子在膝部附近变窄，突出了人体的线条美。鲁托深受启发，他不自觉地选择了相似方法，把裙样移植到玻璃瓶上，他仿造他女朋友的身材制作了一个别致而新颖的瓶子：当握住这种瓶子的瓶颈时，没有滑落的感觉；瓶内所装的液体，看起来也比实际的分量多，而且外观也格外别致优美。

鲁托设计的这种玻璃瓶被可口可乐公司看中了，可口可乐公司最后以 600 万美元买下了这项专利。

例 ② 自动脱落油漆

如何才能比较容易地清除掉旧家具或墙壁上的油漆？这曾经是一个不容易解决的问题。有一次，一家化工公司的技术人员在一起讨论这个问题，大家查文献、找资料，先后提出了许多办法，结果或者不恰当，或者行不通。有个工程师想了一会儿，一下子思想“开小差”，他回忆起儿时的情景。他想到了小时候与小伙伴们一起放鞭炮，导火绳一点燃，噼里啪啦地响上一阵，裹在鞭炮上的纸被炸得四处飞舞。这时，他头脑里突然冒出一个想法：是不是也可以在油漆里放点炸药，当需要油漆脱落时把油漆炸掉呢？他把这个想法在会上提了出来。大家听了都觉得好笑，这不明明是小孩子天真幼稚的想法吗？这位工程师并没有因为受到大家的讥笑而放弃自己的想法，而是沿着这条思路不断地探索、不断地试验，终于发明了一种可以加进油漆中的添加剂。把这种添加剂加在油漆里以后，它不会引起油漆发生质的根本变化，可是当它接触到另外一种添加剂时，便会马上起作用，使油漆从家具或墙壁上掉得干干净净。这是把鞭炮的功能移植到油漆中。

4. 结构移植创新法

结构移植创新法是将某种事物的结构形式或结构特征移入另一事物。

例 ① 生活中的结构移植

人们将积木玩具的结构方式移植到机床领域，创新了组合机床、模块化机床；把滚动轴承的结构移植到机床导轨上，使常见的滑动摩擦导轨成为滚动摩擦导轨。这种导轨与普通滑动导轨相比，具有牵引力小、运动灵敏度高、定位精度高、维修方便（只需更换滚动体）等优点。这些都是结构移植创新的例子。

例 ② 听诊器

听诊器的发明，也是结构移植创新的产物。雷内克瓦医生很想发明一种能够诊断胸腔里健康状况的听诊设备。一天，他到公园散步，看到自己的女儿和另一个小孩在玩跷跷板，一个小孩在一头轻轻地敲着翘板，还有一个小孩在另一头贴耳倾听，虽然敲者用力轻，可是听者却听得极为清晰。他把这一结构移植到听诊器上，终于获得了创新听诊器的方案，听诊器就这样诞生了。

在应用移植创新法时，往往要借助类比法的启示，或直接以类比法的应用为前提。要将某一研究对象的已知东西移植应用到有些属性尚不清楚的其他研究对象上，就必须设法找出这两个看起来似乎不相干的对象之间的某些共同点或相似点。两者之间的共同点或相似点越多，移植的客观基础才坚实。在一定观察实验的基础上，类比法可以满足移植创新法的这种要求。

作业：

1. 听（看）了刚才的例子，你有什么想法或受到什么启发？请说出你的想法或受到的启发。

2. 请把你刚才的想法或受到的启发写进创意表里。

3. 请把你的创意做成实物。

二、仿生创新法

各种动物和植物伴随我们度过了成千上万年，但人类有意识地向它们学习却是从20世纪中期才开始的。人们往往在遇到难以解决的问题时，就开始细心地观察动物和植物，希望能从它们身上找到答案或启示，这种有意识地模仿生物进行发明创新的方法就叫仿生创新法。

例 1 仿麦秆造自行车

“麦收到，麦收到，田里的庄稼长得好，麦穗也笑弯了腰。”这熟悉的儿歌唱的是麦收时丰收的景象。小麦结了饱满的果实，沉沉地垂着麦穗，就好像笑弯了腰。可是，麦秆那么细，怎么能承受得住麦穗的重量而不折断呢？

原来，细长的小麦秆是空心的，空心反而比实心更有韧性。

任何一块材料遇到外力发生变形的时候，总是一边受到挤压力，另一边受到拉伸力，而材料中心线附近长度基本不变。这就是说，离开中心线越远，材料受力越大，空心麦秆所受的力几乎都集中在离中心线很远的边壁上，因此，它比一根同样重的实心棍子的强度要大得多。这样的韧性完全可以托住沉甸甸的麦穗。

科学家模仿麦秆的这一特性，把它应用到了自行车的制造上面。从人类发明世界上第一辆自行车开始，尽管不断在对自行车的样式、材料进行改良，万变不离其宗的就是自行车的车架都是用很薄的空心管子做成的。车架是自行车的“骨骼”，要有足够的强度和韧性。三脚架的模式增强了自行车车架的稳定性，空心管的支架增强了自行车的韧性。由此，自行车成为既轻便又坚固的交通工具之一。

仿生创新法是一种非常古老的创新方法。考察人类文明史便可以发现，无数重大创新成果都是模仿生物的结果。

例 2 防毒面具

在第一次世界大战期间，德军曾与英、法联军为争夺比利时伊伯尔地区展开激战，双方对峙长达半年之久。1915 年，德军为了打破欧洲战场长期僵持的局面，第一次使用了化学毒剂。他们在阵地前沿设置了 5730 个盛有氯气的钢瓶，朝着英、法联军阵地的顺风方向打开瓶盖，把 180 吨氯气释放出去。顿时，一片绿色烟雾腾起，并以每秒 3 米的速度向对方的阵地飘移，一直扩散到英、法联军阵地纵深达 25 千米处，结果导致 5 万名英、法联军士兵中毒死亡，战场上的大量野生动物也相继中毒丧命。可是奇怪的是，这一地区的野猪竟意外地生存下来。这件事引起了科学家的极大兴趣。经过实地考察和仔细研究后，终于发现是野猪喜欢用嘴拱地的习性，使它们幸免于一死。当野猪闻到强烈的刺激性气味后，就用嘴拱地，以躲避气味的刺激。而泥土被野猪拱动后其颗粒就会变得较为松软，对毒气起到了过滤和吸附作用。由于野猪巧妙地利用了大自然赐予它的“防毒工具”，所以它们能在这场氯气的洗劫中幸免于难。

根据这一发现，科学家们很快就设计、制造出了第一批防毒面具。但这种防毒面具没有直接采用泥土作为吸附剂，而是使用吸附能力很强的活性炭，猪嘴的形状能装入较多的活性炭。如今尽管吸附剂的性能越来越优良，但它酷似猪嘴的基本样式却一直没有改变。防毒面具可以说是仿野猪的一件杰作。

1. 向生物学习的原因

首先，人对未知事物总是充满了好奇，生物身上有太多我们不了解的秘密。其次，生物身上有很多优点，值得我们学习。我们解决不了的问题，可以通过向生物学习，找到解决问题的途径和方法。

比如，飞机颤振问题。

人们经过长期反复的实践，使飞机不论在飞行速度、飞行高度和飞行距离上都超过了鸟类，但是在继续研制飞行得更快更高的飞机时，设计师们又碰到了一个难题，就是气体动力学中的颤振现象。当飞机飞行时，机翼发生有害的振动，飞行越快，机翼的颤振越强烈，甚至使机翼折断，造成飞机坠落，许多试飞的飞行员因此丧生。飞机设计师们为此花费了巨大的精力研究消除有害的颤振现象。经过长时间的努力，才找到解决这一难题的方法。设计师们在机翼前缘的远端上安放一个加重装置，这样就有效地解决了机翼的颤振现象。可是，昆虫早在三亿年前就飞翔在空中了，它们也毫不例外地受到颤振的危害。经过长期的进化，昆虫早已成功地获得防止颤振的方法。生物学家在研究蜻蜓翅膀时，发现在每个翅膀前缘的上方都有一块深色的角质加厚区——翼眼或称翅痣。如果把翼眼去掉，蜻蜓飞行就变得荡来荡去。实验证明，正是翼眼的角质组织使蜻蜓飞行的翅膀消除了颤振的危害，这与设计师高超的发明何等相似?! 如果人类早一点向蜻蜓学习，那么这一问题早就解决了，用不着费那么大的劲儿，也不至于使很多飞行员牺牲宝贵的生命。

2. 仿生创新法的运用

（1）认真观察生物身上的现象

生物身上隐藏着巨大的秘密，让我们来看一下：

小蚋是翅膀拍打速度最快的一种昆虫，每分钟可拍打60000万次。

蚂蚁是力气最大的昆虫，它可以支撑其体重300倍的重物。

跳蚤是“跳高冠军”，它一跳就是其体长的200倍。这相当于人能跳400米高。

蝗虫是飞行能力最强的昆虫，它可以连续不停地飞行9个小时。

（2）研究现象背后隐藏的奥秘

了解了这些后，我们就要多问一个为什么。为什么跳蚤跳得那么高？蝗虫的飞行能力为什么那么强？它背后隐藏着什么秘密？

（3）联系实际问题创造性地解决问题

苍蝇的复眼包含4000个可独立成像的单眼，能看清几乎360度范围内的物体。在苍蝇的启示下，人们制成了由1329块小透镜组成的、一次可拍1329张高分辨率照片的蝇眼照相机，这种照相机在军事、医学、航空、航天上被广泛应用。

蝇眼照相机，就是仿生学的一件杰作。

仿生创新法主要是仿生物的功能、结构、语言、生物钟等。

作业：

1. 听（看）了刚才的例子，你有什么想法或受到什么启

发？请说出你的想法或受到的启发。

2. 请把你刚才的想法或受到的启发写进创意表里。

3. 请把你的创意做成实物。

第六节　逆向思维和废物利用创新法

一、逆向思维创新法

创新者运用逆向思维来构思发明创新项目，从而创新设计出新产品或创新出新方法，就叫逆向思维创新法。

例 1 电磁感应定律

1820 年，丹麦哥本哈根大学物理学教授奥斯特，通过多次试验发现电流的磁效应。这一发现传到欧洲大陆后，吸引了许多人参与电磁学的研究。

英国物理学家法拉第怀着极大的兴趣重复了奥斯特的实验。果然，只要导线通上电流，导线附近的磁针立即会发生偏转，他深深地被这种奇异现象所吸引。

当时，德国古典哲学中的辩证思想已传入英国，法拉第受其影响，认为电和磁之间必然存在联系并且能相互转化。他想既然电能产生磁场，那么磁场也能产生电。

为了使这种设想能够实现，他从 1821 年开始做磁产生电的试验。N 次试验都失败了，但他坚信，从反向思考问题的方法是正确的，并继续坚持这一思维方式。

10 年后，法拉第设计了一种新的试验，他把一块条形磁铁插入一只缠着导线的空心圆筒里，结果导线两端连接的电流计上的指针发生了微弱的转动，电流产生了！

随后，他又设计了各种各样的试验，如两个线圈相对运动，磁作用力的变化同样也能产生电流。

功夫不负有心人。法拉第 10 年不懈的努力并没有白费，1831 年，他提出了著名的电磁感应定律，并根据这一定律发明了世界上第一台发电装置。如今，他的定律依然深刻地改变着我们的生活。

法拉第成功地发现电磁感应定律，就是运用逆向思维创新的案例。

例 2　两向旋转发电机

两向旋转发电机是我国发明家苏卫星发明的。1996 年，丹麦某大公司曾想以 300 万元人民币买断其专利，可见其发明价值之大。说到两向旋转发电机的发明，也应归功于逆向思维创新法。翻阅国内外科技文献，发电机共同的构造是各有一个定子和一个转子，定子不动，转子转动。苏卫星发明的两向旋转发电机定子也转动，发电效率比普通发电机提高了 4 倍。苏卫星说："我来个逆向思维，让定子也旋转起来。"这是他得以发明创新的思想基础，也是他对发明创新的一大贡献。

逆向思维创新法有反转型逆向创新、转换型逆向创新和缺点逆用创新三种方法。

1. 反转型逆向创新法

反转型逆向创新法是指从已知事物的相反方向进行思考，寻找发明创新构思的途径。

比如，隧道挖掘的传统方法是先挖洞，挖过一段距离之后，就开始打木桩，用以支撑洞壁，然后再继续往前挖；有了一段距离后，再用木桩支撑洞壁，这样一段一段地连接起来，便成了隧道。

这样的挖法，要是碰上坚硬的岩石算是幸运，一旦碰上土质疏松的地段，那麻烦就大了。有时还会造成塌方而把已经挖好的隧道堵死，甚至会造成人员伤亡。

美国有一位工程师对原有的挖掘方法采取了“倒过来想”的思考方式，对挖掘隧道的过程采取颠倒做法：先按照隧道的形状和大小，挖出一系列的小隧道，然后往这些小隧道内灌注混凝土，使它们围拢成一个大管子，形成隧道的洞壁。

洞壁确定之后，接下来再用打竖井的方法挖洞。实践证明，这种先筑洞壁、后挖洞的新方法，不仅可以避免洞壁倒塌，而且可以从隧道的两头同时挖掘，既省工又省时，效果非常明显，世界上许多国家在挖掘隧道时都采纳了这一方法。

反转型逆向创新法在发明创新中，有的是方向颠倒，有的则是结构倒装，或者功能逆用。运用这种创新方法时，首要的是找准“正”与“反”两个对立统一的思维点，然后再寻找突破点。像大与小、高与低、热与冷、长与短、白与黑、歪与正、好与坏、是与非、古与今、粗与细、多与少等，都可以构成逆向创新。大胆想象，反中求胜，都可收获创新的成果。

2. 转换型逆向创新法

转换型逆向创新法是指在研究某一问题时，由于解决某一问题的手段受阻，而转换成另一种手段，或转换思考角度，以使问题得到顺利解决的创新方式。

比如，鞋子的发明就源于转换型逆向创新法的运用。很久以前，还没有鞋子，所以人们都打着赤脚，即使是冰天雪地也不例外。有一个国家的国王喜欢打猎，他经常出去打猎，但是他进出都骑马，几乎不徒步行走。

有一次，他在打猎时偶尔走了一段路，可是真倒霉，他的脚被一根刺扎了，他痛得“哇哇”直叫，把身边的侍从大骂了一顿。第二天，他向一位大臣下令：一星期之内，必须把城里的大街小巷统统铺上毛皮，如果不能按期完工，就要把大臣处死。一听到国王的命令，那位大臣十分惊讶，可是国王的命令又不能违抗，他只能全力照办。大臣向自己的下属官吏下达命令，官吏们又向下面的工匠下达命令，很快，往街上铺毛皮的工作就开始了，声势十分浩大。

人们铺着铺着毛皮就出现了问题，因为所有的毛皮很快就用完了。于是，人们不得不每天宰杀牲口。一连杀了成千上万的牲口，可是铺好的街道还不足百分之一。

离最后期限只有两天了，急得那位大臣消瘦了许多。那位大臣有一个女儿，非常聪明，她对父亲说：“这件事交给我来办。”

大臣苦笑了几声，没有说话。可是姑娘坚持要替父亲解决难题。她向父亲要了两块毛皮，按照脚的模样缝了两只皮口袋。

第二天，姑娘让父亲带她去见国王。来到王宫，姑娘先向国王请安，然后说：“大王，您下达的任务，我们都完成了。您把这两只皮口袋穿在脚上，走到哪儿去都行。别说小刺，就是钉子也扎不到您的脚了！”

国王把两只皮口袋穿在脚上，然后在地上走了走。他为姑娘的聪明而感到惊奇，穿上这两只皮口袋走路舒服极了。

国王下令把铺在街上的毛皮全部都揭起来。很快，揭起来的毛皮堆成了一座山，人们用它们做了成千上万双鞋子，而且还想出了许多不同的样式。

大臣的女儿巧妙地运用了转换型逆向创新法，为了把城里的大街小巷统统铺上毛皮，她转换另一种手段，从反方向思考，将毛皮缝成两只皮口袋穿在国王的脚上，就轻松地解决了问题。

3. 缺点逆用创新法

缺点逆用创新法是一种利用事物的缺点，将缺点变为可利用的东西，化被动为主动，化不利为有利的创新方式。

比如，一个纺纱厂因设备老化，造成织出的纱线粗细不均，眼看就要产生一批残品，遭受重大损失，老板很是头痛。

这时，一位职员提出，不如“将错就错”，将纱线制成衣服，因为纱线有粗有细，衣服的纹路也不同寻常，也许会受到消费者的欢迎。

老板觉得有道理，便听从了职员的建议。果然，这样制成的衣服具有古朴的风格，相当有个性，很受大众的欢迎，推出不久就销售一空。就这样，本来赔本的“残品”却卖出了好价钱，获得了更多的利润。

其实，任何事物都没有绝对的好与坏，从一个角度看是缺点，换一个角度看也许就变成了优点，对其“缺点”加以合理利用，就是缺点逆用创新法的例子。

作业：

1. 听（看）了刚才的例子，你有什么想法或受到什么启发？请说出你的想法或受到的启发。

2. 请把你刚才的想法或受到的启发写进创意表里。

3. 请把你的创意做成实物。

二、废物利用创新法

法国艺术家罗丹曾经说过："生活不是缺少美，而是缺少发现美的眼睛。"寻找蕴藏在废物中的有用成分或其他功能，以开发利用为途径，让废物获得新的生机的创新方法，就是废物利用创新法。

例 1 树叶变茶叶

杜仲是产于我国的一种名贵中药材，以前都是取其根，弃其叶。日本的工商业者十分重视资源利用，他们将我们弃之不用的杜仲树叶加工后，制成了"杜仲茶"。由于这种茶具有利尿等多种保健功能，已经成为日本市场上最受欢迎的茶饮料之一。日本一家生物工程公司每年仅杜仲茶这一项销售收入就达 60 亿日元。为满足日本国内外市场对杜仲茶的需求，日本企业向我国大量收购了杜仲叶。

例 2 出售千年古冰

冰岛的帕特先生经营一家石油海运公司，由于竞争激烈，生意惨淡。正巧此时"回归大自然"的浪潮兴起，帕特先生心生灵感，抓住了现代城市居民对水污染的惧怕心理，改行从事古冰营销。他把冰岛地层下埋藏数千年的冰块开采出来，运往各地销售。古冰不仅以"古"吸引人，而且因其不受现代工业废气和废水污染，品质纯正，所以自然受到消费者的欢迎。此产品一经上市，随即掀起了一股古冰消费的狂潮，这家"跨国古冰公司"由此获得暴利。如今，欧、美、日等国家和地区的许多酒吧的广告牌上都写着："本酒吧为您备有冰岛的千年古冰”。

例 3 废旧轮胎的综合利用

废旧轮胎是现代社会随处可见的废弃物。轮胎为橡胶制品，不腐不烂，质轻体大，燃烧时会产生大量浓烟和有毒气体，工业和交通发达国家的政府都为堆积如山的废旧轮胎伤透脑筋。在美国，每年要扔掉 2.7 亿个轮胎，数量相当于 1995 年美国人口的总和，美国政府不得不用重金资助轮胎回收加工厂，鼓励废旧轮胎回收加工，减少对环境的污染。

日本人想出了一种利用废旧轮胎的新方法，即把许多旧轮胎串起来，丢进沿海浅滩，形成人工养殖礁盘。

美国的一家公司专门回收废旧轮胎生产燃料。该公司可从每个废旧轮胎里提炼出 9.5 升的燃料油，每年回收 1700 万个轮胎，纯利润达到 470 万美元，已经不再需要政府的资助了。

我国厦门同安的一家民营企业，也是专门从事废旧轮胎加工的厂家，他们从轮胎里提取贵重的硅胶原料，其余边角料制作成渔网的浮子，效益也相当可观。

废旧轮胎经加工处理后可获得大量的再生橡胶。汽车行业的一家知名公司也是废旧轮胎再生产品的大用户，每年购买 2600 吨的再生橡胶，用于生产汽车脚垫、车辆隔热垫等 35 种配件。

废旧轮胎还可直接用于建造儿童乐园、赛车场或高速公路的围墙；其橡胶颗粒是塑胶跑道和健身房的铺设材料；人们还可从中加工出沥青混凝土黏合材料等。

作业：

1. 听（看）了刚才的例子，你有什么想法或受到什么启

发？请说出你的想法或受到的启发。

2. 请把你刚才的想法或受到的启发写进创意表里。

3. 请把你的创意做成实物。

第七节　奥斯本检核表法和头脑风暴法

一、奥斯本检核表法

奥斯本检核表法指的是在考虑某个问题时，根据需要解决的问题，先列出与之有关的问题制成一览表，然后再逐项进行检查、讨论和研究，以避免有所遗漏，从而获得创意设想和解决问题的办法。

例 1 通用汽车公司的检核表

奥斯本检核表法促使人们从多个角度出发去考虑问题，而不是把视线局限在个别问题上或一个问题的个别方面，这种方法对我们是有很大启发的。在美国，很多企业将奥斯本检核表法运用于管理领域，比如，为提高员工的创意，通用汽车公司给职工制作了检核表，其内容包括以下 10 个方面。

1. 为了提高工作效率，可以利用其他适当的机械吗？

2. 现有的设备有没有改进的可能呢?

3. 改变滑轮、传送装置等搬运设备的位置或顺序，能否改善操作呢?

4. 为了同时进行各种操作，能否利用某些特殊的工具?

5. 变换操作顺序能否提高零部件的质量?

6. 能用成本更低的材料取代现有的材料吗?

7. 改变材料的切削方法是否能更经济地利用材料?

8. 能使操作方法更安全吗?

9. 能否去掉无用的形式?

10. 现在的操作不能再简化些吗?

例 2 美军兵工厂的检核表

据说在第二次世界大战期间，美军在兵工厂的工作中就运用了这种检核表法。他们首先提出要解决的问题，然后，再根据要解决的问题，提出一系列相关的问题。比如，这为什么是必要的，应该在什么时候完成，应该在哪里完成，应该由谁完成，到底应该做些什么，应该怎样去做等。通过列举出问题，再逐一进行分析和解决，由此在很大程度上改善了兵工厂的工作。

通过运用奥斯本检核表法，人们根据检核项目，从各个方面逐一地思考分析问题，这样，会使人的思想更有条理性，有利于比较系统和周密地思考问题，也有利于人们更为深入地分析问题，进而有针对性地提出更多有价值的设想。

1. 奥斯本检核表法的检核项目

(1) 有无其他用途? 就是考虑现有事物有无其他用途，或能否稍作改进以扩大它的用途。

（2）能否借用？就是考虑现有事物能否借用其他事物，能否引入其他的创新设想，有没有可供模仿的事物。

（3）能否改变？就是考虑现有的事物能否改变意义、颜色、运动形式、形状、式样、声音、气味，能否改变包装，能否作其他改变。

（4）能否扩大？就是考虑现有事物能否扩大使用范围、延长使用寿命，能否增加强度，能否在现有事物上加一点什么，以增加其功能和附加值。

（5）能否缩小？就是考虑现有事物能否减少什么，能否减轻重量、缩小体积，能否微型化，能否折叠，能否浓缩，能否“轻、薄、短、小”。

（6）能否代用？就是考虑现有事物有无代用品，能否用别的材料、别的元件、别的工艺、别的方法、别的动力、别的设备、别的场所取而代之。

（7）能否调整？就是考虑现有事物能否改变型号、顺序、结构、布局、速度、日程、因果等。

（8）能否颠倒？就是考虑现有事物能否颠倒过来，如上下颠倒、内外颠倒、任务颠倒、顺序颠倒、由对称变为不对称等。

（9）能否组合？就是考虑现有事物能否与其他事物实现组合或自身实现同物自组和重组组合。如装配组合、部件组合、材料组合、目标组合、方案组合等。

不难看出，奥斯本的检核表内容比较全面，涉及不少其他创新方法，有利于创新者进行多角度的发散性思考，有利于突破思维惯性和突破不愿提问的心理障碍，几乎适用于各种类型和场合的创新活动，因而被誉为“创新方法之母”。

2. 操作步骤

（1）确定研究对象。

（2）根据列举的 9 个方面分别予以检查创新，写下新构想。

（3）对新的构想进行筛选，挑选出新颖性、创造性、实用性都较强的构想。

作业：

1. 听（看）了刚才的例子，你有什么想法或受到什么启发？请说出你的想法或受到的启发。

2. 请把你刚才的想法或受到的启发写进创意表里。

3. 请把你的创意做成实物。

二、头脑风暴法

人怕客气，事怕合计，头脑风暴法就说明了这一点。“头脑风暴”原来是精神病理学的一个术语，是指精神病人在失控状态下的胡思乱想。奥斯本将之借用过来以形容创新思维的自由奔放、创新设想如暴风骤雨般激烈涌现的情形。

头脑风暴法是美国企业家、创新学家奥斯本于 1939 年创立的。因此，头脑风暴又称为奥斯本智力激励法。在我国，头脑风暴法也译为“智力激励法”“脑力激荡法”“BS 法”等。

例 1 未来的电扇

某建材工会曾举办过一次合理化建议和技术创新工作研讨会，运用头脑风暴法思考“未来的电扇”，36 人在半小时内提出了 173 条新设想。其中典型的设想有：带负离子发生器的电扇、全遥控电扇、智能电扇、理疗电扇、驱蚊虫电扇、激光幻影式电扇、催眠电扇、变形金刚式电扇、熊猫型儿童电扇、老寿星电扇、解忧愁录音电扇、恋爱气氛电扇、去潮湿电扇、衣服烘干电扇、美容电扇、木叶片仿自然风电扇、解酒电扇、吸尘电扇、笔记本式袖珍电扇、太阳能电扇、床头电扇、台灯电扇，等等。

例 2 飞机扫雪

有一年，美国北方格外寒冷，大雪纷飞，电线上积满了冰雪，大跨度的电线常被积雪压断，严重影响了通信。过去，许多人试图解决这一问题，但是都没有能如愿。后来，电信公司经理应用奥斯本发明的头脑风暴法尝试解决这一难题。他召开了一次能让头脑卷起风暴的座谈会，参加会议的是不同专业的技术人员，大家七嘴八舌地议论开来。有人提出设计一种专用的电线清雪机；有人想到用电热来化解冰雪；也有人建议用振荡技术来清除积雪；还有人提出能否带上几把大扫帚，乘坐直升机去扫除电线上的积雪。对于这种“坐飞机扫雪”的设想，大家心里尽管觉得滑稽可笑，但是在会上也无人提出批评。相反，有一位工程师在百思不得其解时，听到“用飞机扫雪”的想法后，大脑突然受到冲击，一种简单可行而且高效率的清雪方法冒了出来。他想，每当大雪过后，出动直升机沿积雪严重的电线飞行，依靠高速旋转的螺旋桨即可将电线上的积雪迅速扇落。于是，他马上提出“用直升机扇雪”的新设想，顿时又引起其他与会者的联想，有关用飞机除雪的主意一下子又多了七八条。不到一个小时，与会的 10 名技术人员共提出了 90 多条新设想。

会后，公司组织专家对这些设想进行分类认证。专家们认为，设计专用清雪飞机，采用电热或电磁振荡等方法清除电线上的积雪，在技术上虽然可行，但是研制费用过大、周期太长，一时间难以奏效。而那种因“坐飞机扫雪”激发出来的几种设想倒是一种大胆的新方案，如果可行，将是一种既简单又高效的好办法。经过现场试验，发现用直升机扇雪果然奏效。一个久悬未决的难题终于在头脑风暴会上得到了巧妙的解决。

1. 四项原则

头脑风暴法的实施要遵循“四项原则”，就是自由畅想、延迟评判、以量求质和借题发挥。

（1）自由畅想的原则。

要求与会者尽可能解放思想，无拘无束地思考问题并畅所欲言，不必顾虑自己的想法是否“离经叛道”或“荒唐可笑”。特别鼓励求新、求异、求奇，与众不同。

（2）延迟评判的原则。

在讨论问题时，不得对任何设想提出批评或做出结论。也就是说，不管设想是多么的荒唐和不切实际，也不得对其进行指责；不管设想多么新颖合理，也不应该当场夸奖。这种会议显然与传统会议有所不同。奥斯本认为，如果当场进行评判，就一定会使与会者精神受到压抑，使设想大为减少，甚至还会扼杀具有创新性的方案。

（3）以量求质的原则。

在讨论问题的方案时，鼓励与会者尽可能多而广地提出设想，以大量的设想来保证质量较高的设想的存在。

（4）借题发挥的原则。

鼓励与会者积极进行知识互补、智力互激、思维共振、信息增值活动。要求与会者仔细倾听别人的发言，注意在他人启发下及时修正自己不完善的设想，或将自己的想法与他人的想法加以综合，再提出更完善的创意和方案。

2. 操作步骤

（1）选定主持人。

挑选出的主持人要具备两方面的素质：一是能掌控会议局面，及时调动大家的积极性；二是能熟练运用头脑风暴创新法的“四项原则”。

（2）选择主题。

要解决的问题不能贪多，一次能解决一个问题就行。

（3）确定参会人数。

①参加会议的人数以5~10人为宜。

②人员的专业构成要合理。应保证大多数与会者都是对议题熟悉的人，但并非局限于同一专业，也要杂以少数外行，以便突破专业思考的约束。

③同一次激励会，参加者应尽可能注意到等级的同一性，即知识水准、职务、资历、级别等大致相近。

④尽量选择一些对问题有实践经验的人，这对提高会议的效果有益。在运用头脑风暴法时，常选拔几名在提出设想方面才能出众的人，以他们为激励会的核心，再视情况配备其他人员，则效果更好。

作业：

1. 听（看）了刚才的例子，你有什么想法或受到什么启

发？请说出你的想法或受到的启发。

2. 请把你刚才的想法或受到的启发写进创意表里。

3. 请把你的创意做成实物。

第八节　专利文献创新法

专利文献创新法是一种“站在前人肩膀上”的发明创新方法，这种方法是在研究前人或他人专利成果的基础上，找出需要吸收借鉴的成分，再结合现实的需要进行的发明创新。

例 1 静电复印机

美国的卡尔森毕业于加利福尼亚大学物理系，1930 年在贝尔电话研究所开展研究工作，后转到该所专利科从事专利事务，再后来又去学习法律。他获得法学博士学位后，继续从事专利事务，在马格利公司充当公司的专利律师。

卡尔森在任职期间，看到复写文件需要花费大量而繁重的劳动，因此萌生了发明一种能复制文件的方法的想法。

开始，他凭着自己的想象和所学的知识进行试验研究，但几次试验均告失败。他没有轻易地放弃这项研究，但从失败中认识到要解决技术上的难题，必须要进行调查研究，尤其要看看前人或他人在这个问题上有无进展或是否获得过专利；否则，盲目地关起门来研究，很容易步入失败的后尘。

在以后的两年时间里，卡尔森利用大部分业余时间去纽约国立图书馆查阅专利文献，终于发现以前确实有人在复印技术上做过研究，并获得了一些专利。他对这些专利文献进行了综合分析，了解了各种技术方法及其在实用性方面存在的问题。

在此基础上，卡尔森综合了前人和他人的研究思路，提出了将光导电性和静电学原理结合起来的新方案，解决了快速有效复印的技术难题，获得了静电复印技术的基础专利。

随后，美国一家名不见经传的哈依德照相器材公司从专利文献中发现了卡尔森的专利，他们认为这是一项极具市场生命力的新发明，于是购买了卡尔森的专利。同时，他们还从专利文献中广摘博采，收集与复印相关的配套技术。不久，哈依德公司开发研制出第一台具有商业价值的静电复印机。从此，哈依德公司蒸蒸日上，依靠复印机的生产经营不断扩大。

例 2 解决圆珠笔漏油问题

专利文献是发明创新的一个巨大的知识宝库。只要学习过专利文献检索基本知识的人，都可以从专利文献宝库中受益。

早在 1938 年，现代圆珠笔的原型就由匈牙利人拜罗兄弟申请了专利，后来在阿根廷生产。1945 年，美国人雷诺兹从布宜诺斯艾利斯带回了这种圆珠笔，他发现拜罗兄弟发明的圆珠笔并不是一种新创意，美国人劳德早在 1888 年就已发明了圆珠笔，并获得了专利。雷诺兹想到这种圆珠笔很有发展前景，就想研制一种新的圆珠笔，又要避开与拜罗兄弟的专利发生冲突。后来，他在专利律师的帮助下，对拜罗兄弟的圆珠笔稍作改进，并获得了成功。雷诺兹的圆珠笔立即畅销全世界，市场占有率远远超过了拜罗兄弟的圆珠笔。一开始，这种圆珠笔出现了一个弊端，即用了一段时间之后，由于圆珠磨损而漏油，污染衣物。后来，日本人中田藤三郎又利用这一专利，经过试验，把笔芯的装油量控制在磨损漏油期以内，当圆珠磨损到快漏油时，油已用完，无油可漏，于是这项技术又成了一项新专利。

例 3 袋装化垃圾箱

城市居民垃圾袋装化，是一项有利于环境保护和环境卫生的好事，因此受到广大居民的欢迎。为了使垃圾袋装化得到有效的推广，有关部门用再生塑料生产了廉价的马甲袋以供使用。但是，马甲袋软软的“站”不起来，使用起来很不方便。于是，有人发明了一种圆柱状、没有上下底的网状桶架，使用时把它放在马甲袋内。这样，马甲袋就“站”起来了，袋口也张开了。这项小发明获得了专利。

后来，一位高中生又对这项专利进行了研究，发现它有两个缺点：一是当垃圾装满后，从袋中把网状桶架拿出来时会带出一些垃圾；二是袋内如果装的是鸡、鱼等带水分的脏物时，就会把网状桶架弄得很脏，得洗过以后再用。于是，这位高中生完成了一件新的发明“马甲袋架”。这项新发明是把马甲袋放在马甲袋架里，张开口袋，再把马甲袋的拎襟挂在架子上的挂攀上，这样使用起来就方便多了。

另一位高中生对上述发明进行研究后，又发现了一个问题：这样的马甲袋架在使用时袋口一直是张开的，冬天不会有什么问题，但是到了夏天就会招来许多苍蝇。于是，他设计并完成了一件命名为“袋装化垃圾箱”的新发明。这件作品是对市场销售的箱盖式塑料垃圾箱进行改进后制作完成的。箱体的两侧各装一个用来挂马甲袋拎的挂钩。在活动的箱盖和箱盖本体的相应位置上装有两副小磁铁，这样使活动的箱盖推板可以处于“常闭”和“常开”的状态。

利用专利文献创新法，一是要调查专利文献进行发明创新。专利文献的内容很具体，一般都附有说明书和附图，对发明创新者具有很重要的参考价值。通过调查，可以引发创新性设想，作为发明创新的课题或目标。

二是要综合专利文献进行发明创新。在实际发明创新活动中，有时单凭一篇专利文献，并不能真正解决问题，这时就需要采用综合专利文献的方法，利用各种创新方法引发创新性设想。综合本身就是一种创新，在发明创新史上利用综合进行发明创造的不乏其人。

三是要寻找专利文献空隙进行发明创新。在已公布的专利文献中，具有实用价值的专利只占很少一部分。通过寻找，使现有专利实用化，并解决这一关键问题，是一种很有效的发明创新方法。

四是要利用专利知识进行发明创新。自从有了专利制度以后，就有了专利诉讼。大多数发明人不太关注专利诉讼，认为那是专利律师的事情。但是有很多案例表明，凡是容易发生专利诉讼的专利，往往都是具有较高商业价值的技术或产品。如果是没有商业价值和销售市场的技术或产品，那还诉讼什么？因此，有不少发明创新者通过熟悉专利法，避开可能发生的专利纠纷，成功地发明创新出了新专利或实用新型，其中有些还可以控制现有专利，或者使现有专利的专利权人与之合作。

作业：

1. 听（看）了刚才的例子，你有什么想法或受到什么启发？请说出你的想法或受到的启发。

2. 请把你刚才的想法或受到的启发写进创意表里。

3. 请把你的创意做成实物。

第二章　创新思维

人与人之间的差距，往往是由思维方式不同而拉开的。创新思维是指不受现存的、常规的思路约束，寻求对问题全新的、独创性的解答的思维过程。

创新思维是发散思维与集中思维的统一。培养创新思维能力，就像笑脸和哭脸能同时转向两个相反的方向一样，需要在同一个人身上同时培养出发散思维和集中思维两种能力。

第一节　发散思维

发散思维的作用是为随后的集中思维提供尽可能多的解题方案。虽然这些方案不可能每一个都十分正确、有价值，但是一定要在数量上有足够的保证。而目前学校教育培养出来的学生，往往只能一边倒地转向集中思维。到了成年，表现出来的创造力低，其中一个重要原因就是发散思维没有发展好，这与中小学甚至学前教育扼杀发散思维有关。

发散思维是指从一个目标出发，沿着各种不同的途径去思考，探求多种答案的思维。发散思维是创新思维的第一阶段，是思维的量变阶段。应试教育的最大问题，就是发散思维训练不足。发散思维是创新思维的“半壁江山”，同学们要特别重视学习发散思维。

例 ① 计算下面这道数学题

8=？+?

答案是：8=7+1，8=6+2，8=5+3，8=4+4，8=3+5，8=2+6，8=1+7，8=0+8，一共有 8 个。像这样的思维形式就是发散思维的形式之一。

例 ② 调查起火原因

某农场发生了火灾，我们要调查发生火灾的原因。我们分析导致火灾的原因可能有：柴草起火、烘烤起火、电线老化起火、油料起火、坏人纵火、其他……

思考的这个过程，就是发散思维。

例 ③ 说说砖头的功能

砖头是建筑材料，但是除了盖房子之外，砖头还有其他用途吗？砖头可以用来造房子、砌墙、铺地、造桥，可以用作武器，打狗、打坏人，可以用作压纸张，可以用作锤子敲打钉子，可以用来磨刀，可以用来垫桌腿，可以做练习篆刻的材料，可以当尺子测量东西……这种思维就成了向四面八方展开、扩大或分散，这就是发散思维的例子。

发散思维考虑问题的思路像太阳光照射一样向多方位扩展，是拓宽思路的阶段，是创新思维的第一阶段。

发散思维的主要方法有想象、联想、直觉、灵感、逆向思维、侧向思维、立体思维。

作业：

1. 听（看）了刚才的例子，你有什么想法或受到什么启

发？请说出你的想法或受到的启发。

2. 请把你刚才的想法或受到的启发写进创意表里。

3. 请把你的创意做成实物。

一、想象与联想思维

1. 想象思维

想象是人的一种思维活动，就是由保存在记忆中的表象出发，把这些表象进行加工、改造，使其产生新思想、新方案和新办法，从而创造出新形象的思维过程。

想象是人类在头脑中孕育智慧潜能的“超级矿藏”。想象思维能使思维充满创新的活力。

例 1 凡尔纳的想象力

1861 年，素有“科幻小说之父”之称的美国著名作家凡尔纳，曾在一部小说里描绘了以下的想象：在美国的佛罗里达州设立了一个火箭发射站，火箭从这里发射，飞往人们心仪已久的月球。他还具体描绘了飞行员在宇宙飞船中失重的情景。

令人不可思议的是，也可以说是无巧不成书，刚好过了 100 年，1961 年，美国真的在佛罗里达州发射了人类第一艘载人宇宙飞船，而且，宇航员在太空中的许多失重情景，竟然与凡尔纳在小说中描写的差不多。

不仅如此，直升机、雷达、导弹、坦克、电视机等也都在凡尔纳的小说中有过雏形。

在第二次世界大战初期，德国人制造的潜水艇也与凡尔纳小说中描绘的相差无几。

第一个把宇宙火箭送上天空的俄国科学家齐奥尔科夫斯基，也是从凡尔纳的小说《从地球到月球》中得到启示的。

例 2 蛋壳里出来了个里根总统

1984 年，当里根担任美国总统的时候，美国一批小学生，在学校读书，读烦了，老师带他们到户外去玩耍。小孩到了户外，什么都新鲜。啊！蓝天，啊！白云，啊！蛐蛐、小溪、麻雀，孩子们非常高兴，看到什么都新鲜。他们来到一个芦苇丛中，发现了一个蛋。噢！同学们全都围过来，猜是什么蛋？有的说是麻雀蛋，不，麻雀蛋没有这个蛋大，怎么会是麻雀蛋呢？有人说是恐龙蛋，可是恐龙已灭绝了好多年，怎么还有恐龙蛋呢？是鸭蛋、鸡蛋？猜不出来，有的同学说，猜它干啥？把这个蛋抱回家，放在孵化箱里面孵化，孵出来不就知道是什么了吗?!

其他同学说“OK”“OK”。之后他们把蛋抱回家了，放在孵化箱里面然后加温，大家的眼睛一直对准这个孵化箱看啊，看到底孵出来的是什么。终于，蛋壳里在躁动，裂缝了，蛋壳破了，里面的东西出来了。把同学们全都惊呆了。哇！是什么？是里根总统，这个蛋壳里面出来了个里根总统。

这是 1984 年美国全国推荐的一篇优秀作文，这里展现了美国学生丰富的想象力。

例 3 莫扎特用鼻子弹音符

当大作曲家莫扎特还是海顿的学生的时候，一次，他与老师打赌，说他能写一首曲子，老师也弹奏不了。海顿不相信，于是，莫扎特将曲子写完递给海顿。

海顿弹奏了一会儿惊呼起来："这是什么呀？我两只手分别弹响钢琴两端时，怎么会有一个音符出现在键盘中间呢？你这个曲子任何人也弹奏不了！"

莫扎特接过乐谱，微笑着坐在琴椅上弹了起来，当遇到那个"不能弹"的音符时，只见他向前弯下身子，用西方人特有的高鼻子弹了出来。

莫扎特的特技让老师赞叹不已。支撑莫扎特想象思维的东西，是他向着不可能的地方想象的可贵品质。

作业：

1. 听（看）了刚才的例子，你有什么想法或受到什么启发？请说出你的想法或受到的启发。

2. 请把你刚才的想法或受到的启发写进创意表里。

3. 请把你的创意做成实物。

2. 联想思维

联想思维是指在人脑记忆表象系统中，由于某种诱因导致不同表象之间发生联系的一种没有固定思维方向的自由思维活动。

例 1 两个词语都可以建立起联系的关系

苏联心理学家哥洛万斯和斯塔林茨曾经证明，任何两个词语都可以经过四五个步骤建立起联系的关系。比如，高山和镜子，仿佛是两个风马牛不相及的概念，但是联想思维可以使它们之间发生联系：高山—平地，平地—平面，平面—镜面，镜面—镜子；再如，天空和茶，天空—土地，土地—水，水—喝，喝—茶……假如每个词汇都可以与10个词汇直接发生联系，那么第一步就有10次联想的机会，第二步就有100次机会，第三步就有1000次机会，第四步就有10000次机会，第五步就有100000次机会！

例 2 “天厨味精”的来历

江苏人吴蕴初，是我国味精的首创者，素有“南吴”之称。20世纪20年代，他曾与人合作在国内首创味精厂，后来被人们称为“中国味精大王”。

吴蕴初在为其生产的味精命名时，费尽心机。

在此之前，中国人吃的味精都是从日本进口的“味之素”。吴蕴初想，中国的东西应该有中国的名字，没必要跟在日本人的屁股后面叫什么“味之素”，但是该起个什么名字好呢？

人们把最香的东西叫“香精”，把最甜的东西叫“糖精”，那么就把味道最鲜美的东西叫作“味精”吧。他接着又想，生产的味精该叫什么牌子呢？他由味精是植物蛋白质制成的，是素的东西，联想到吃素的人；由吃素的人，联想到他们一般都信佛；佛住在天上，为佛制作珍奇美味的厨师自然是最好的，于是他决定将自己企业生产的味精取名为“天厨味精”。

天厨牌味精上市后，通过声势浩大的广告宣传，以及后来正好适应国人抵制日货的反日情绪，不久就打开了国内市场。

吴蕴初就是从“味精”联想到“天上的厨师”，这样来命名“天厨味精”的。

例 3 钢盔的诞生

1941年，第二次世界大战的炮火弥漫欧洲，机枪和火炮的研发和使用使得战争愈加残酷，大批伤兵被运到后方。一天，法国将军亚德里安去医院看望伤兵，一位伤兵向他讲述了自己受伤的经过。原来在德军炮击时，这个士兵正在厨房值日，炮弹劈头盖脸地打来，弹片横飞，他急中生智，忙把铁锅举起来扣在头上，结果很多同伴都被炮弹炸死了，而他只是受了点轻伤。

亚德里安由此联想到，如果在战场上人人都有一顶铁帽子，不就可以减少士兵的伤亡了吗？于是，他立即指定一个小组进行研究，制成了第一代钢盔，并在当年装备了部队。据统计，在第二次世界大战中，世界各国的军队由于装备了钢盔，使几十万人幸免于难。

铁锅和钢盔可以说没有任何的联系，铁锅是厨房用具，而钢盔当时还没有发明，由铁锅联想到钢盔，这是在战争这个特定环境中的一个创新，亚德里安把联想思维的作用发挥得淋漓尽致。

联想思维是想象思维中最活跃和最重要的思维方法，联想思维主要有以下五种类型。

（1）相似联想。由一事物联想到与其相似的另一事物。例如，由铅笔想到钢笔等。

（2）接近联想。因一事物在时间和空间上比较接近另一事物而产生的联想。例如，由月亮想到黑夜等。

（3）因果联想。由事物的因果关系而产生的联想。例如，由下雨想到路滑。

（4）对比联想。由事物之间的相反或对比的关系产生的联想。例如，由炎热想到冰雪。

(5) 强制联想。把两件毫无关系的事物强行地联系起来思考。例如，把人和花联系起来思考。

作业：

1. 听（看）了刚才的例子，你有什么想法或受到什么启发？请说出你的想法或受到的启发。

2. 请把你刚才的想法或受到的启发写进创意表里。

3. 请把你的创意做成实物。

二、直觉与灵感思维

1. 直觉思维

直觉思维是指不受某种固定的逻辑规则约束而直接领悟事物本质的一种思维形式。我们对一个问题未经逐步分析，仅依据内因的感知迅速地对问题答案作出判断，猜想、设想，或者在对疑难百思不得其解之中，突然对问题有“灵感”和“顿悟”，甚至对未来事物的结果有“预感”“预言”等都是由于直觉思维的原因。

例 1　具有优异弹性的橡胶

化学家固特异是一位直觉很强的人。有一天，他在实验室里同往常一样在做实验，不小心将实验用的橡胶掉到桌下备作他用的硫黄上。他遗憾地叹道：“花了很大的劲儿，结果全费了。”于是，他一边发牢骚，一边尽力清除黏在橡胶上的硫黄。但硫黄已渗入橡胶内部，很难除掉。“干脆扔掉算了。”但他又觉得好不容易做出来的弃之可惜，就随手放到桌边，碰巧桌旁的炉火烧得正旺。固特异想：今天可能算白干了！并准备回家。

然而，他无意中摸了一下放在桌边的橡胶，这一摸非同小可，橡胶居然有了前所未有的优异弹性。他的直觉告诉他，这件事具有重大意义。于是他冷静了一下，用两手把那块橡胶拉长，橡胶的异常特性使他更为吃惊，即使用两手拉，也拉不断，相形之下，以前的橡胶最多如同年糕一样，一用力拉就发生断裂。结果，一种前所未有的具有优异弹性的橡胶就发明了出来。

例 2 毕达哥拉斯发现一个数学定理

据说古希腊著名数学家毕达哥拉斯有一次应邀到朋友家做客，当其他人谈兴正浓时，他却对主人室内地板上铺着的一个个直角三角形的花砖产生了浓厚的兴趣。

在大庭广众之下，他忘记了自己是尊贵的客人，竟弯腰下去仔细研究起花砖的数学关系来。他掏出笔，在花砖上的一个直角边上写上 a，在另一个直角边写上 b，在花砖的斜边写上 c。

他发现，以 a 为边长的正方形的面积是 $a\times a=a^2$，恰好是两个黑色直角三角形花砖的面积之和；以 b 为边的正方形，面积是 $b\times b=b^2$，恰好是两个白色三角形花砖面积之和；以 c 为边的正方形，面积是 $c\times c=c^2$，恰好是两个白色三角形花砖和两个黑色三角形花砖的面积之和。

就这样，毕达哥拉斯凭直觉，在朋友地板的花砖上发现了一个新的数学定理：一切直角三角形的两直角边的平方之和等于斜边的平方。

例 3 2+2=?

2+2=？这是大哲学家罗素有一次来中国讲学，在黑板上写下的一道题目。当时听讲的基本上都是研究部门的学者。然后，罗素诚恳地征求听讲者的答案。出人意料的是，台下一片寂静，没有一个人愿意站出来回答。每一位听众都在心里嘀咕：黑板上的题目肯定不是简单的数学题，大哲学家是不是要借此说明他新发现的什么观点呢？尽管罗素诚恳地邀请台下的听众将答案告诉他，但是，却没有一个人愿意“贸然”地回答。不得已，罗素只好请一位先生来回答。谁知，这位先生竟然面红耳赤地说自己还没有考虑成熟。

有时候，我们不能把简单的问题复杂化，也不能把复杂的问题简单化。其实，这个问题的答案就是：2+2=4。

直觉是一种未经逐步分析的过程就能对问题的答案作出迅速而合理的判断，或忽然领悟其答案的一种思维方式。它是一种基于经验和有关知识的综合判断，但判断过程十分迅速，往往只记住结果而无法记住过程。最后，结果往往是正确的，而其中的道理却说不出来。这是一种无意识的非逻辑思维，不像逻辑思维那样是有意识地按照推理规则进行的。

作业：

1. 听（看）了刚才的例子，你有什么想法或受到什么启发？请说出你的想法或受到的启发。

2. 请把你刚才的想法或受到的启发写进创意表里。

3. 请把你的创意做成实物。

2. 灵感思维

灵感是科学家和艺术家在创新过程达到高潮阶段出现的一种最富有创新性的心理状态。在这种状态中，科学家会突然做出发现，文学家会突然构思出绝妙的情节、动人的诗句等。

例 1　约翰·施特劳斯创作《蓝色多瑙河》

有一次，约翰·施特劳斯在一个优美的环境中休息，突然灵感的火花涌现，当时他没有带纸，急中生智的施特劳斯迅速脱下衬衣，挥笔在衣袖上谱成一曲，这就是后来举世闻名的圆舞曲《蓝色多瑙河》。

例 2 迪士尼发明米老鼠

迪士尼夫妇原本生活在社会的最底层，日子过得非常艰难。有一次，他们因为付不起房租，竟被房东赶了出来。这对夫妇这下可惨了，无处安身，只好提着行李箱来到公园。坐在公园的长椅上，他们愁眉苦脸，思索着如何才能找到一点钱以解眼下的燃眉之急——拥有一个安身立命之处。正在一筹莫展之际，突然他们看到从他们所携带的行李箱中伸出一只可爱的小老鼠的脑袋。那机灵乖巧的小生命给愁眉苦脸的迪士尼夫妇带来了一点开心和快乐，使他们暂时忘记了无家可归的忧愁。就是这么一点点快乐的感觉，引起了迪士尼的遐想：对呀！世界上像我们这样穷困的人谁不喜欢小老鼠的可爱模样？我干脆把它画出来，也许喜欢它的人会有很多很多，也许自己能够从此开始摆脱贫困，走向富裕。一个重要的商机就在这样一种不可思议的环境中产生了。迪士尼把自己的想法告诉妻子，妻子也感到丈夫的这个主意不错，她全力支持丈夫。就这样，在无家可归的迪士尼的笔下诞生了后来世界人人都熟悉的米老鼠。

例 3 袁隆平研究杂交水稻

我国水稻专家袁隆平在研究提高水稻产量时陷入了困境。

忽然，孟德尔和摩尔根的遗传理论像一道闪电触发了他的灵感思维，于是他改变了原来研究的方向，走上了研究杂交水稻之路。

灵感是人们借助直觉启示所突然迸发的一种领悟或理解的思维形式。诗人、文学家的“神来之笔”，军事指挥家的“出奇制胜”、思想战略家的“豁然贯通”、科学家与发明家的“茅塞顿开”等，都说明了灵感的这一特点。它是在经过长时间的思索，问题没有得到解决，但是突然受到某一事物的启发，问题却一下子得以解决的思维方法。

作业：

1. 听（看）了刚才的例子，你有什么想法或受到什么启发？请说出你的想法或受到的启发。

2. 请把你刚才的想法或受到的启发写进创意表里。

3. 请把你的创意做成实物。

三、逆向思维与侧向思维

1. 逆向思维

逆向思维就是反其道而思之，反其道而用之，反其道而创新。

逆向思维是一种启发智力的方式，它有悖于通常人们的习惯，而正是这一点，我们在用正向思维解决问题时，如果有逆向思维参与，那么解决问题的过程可能大大简化，学习或工作的效率可能成倍提高。尤其是当运用习惯的思维方式、传统的工作方法难以奏效时，反过来想一想、试一试，常常能达到出奇制胜的效果。

例 1 堵住日军地堡入口

在第二次世界大战后期，由于中国和众多被侵略国家的持续反抗，日军此时已无力再举进攻，在战略上转入了防守状态。在美军和日军发生争夺的硫磺岛上，日军修筑了大片的地堡群。那些地堡大多构筑在坚固的熔岩之下，每个地堡依岩石走向精心设计，地堡与地堡之间有狭小的通道联络沟通。美军进攻这片阵地时，动用了空军和坦克部队，然而，坦克的炮击和飞机的轰炸都没能使进攻奏效，日军依然固守着他们的磐石防线。无奈中，美军指挥官普鲁斯和他的同僚们商议对策。正当美军军事指挥官们费尽心思却毫无良策之时，一位部队工程师从另外一种思路提出了与众迥然不同的方案。他敏锐地指出，日军地堡群的弱点是入口和通道都非常狭小，容易被堵塞。因此，他的建议是：用快速凝结水泥将地堡入口堵死，这样就能置日军于死地。以普鲁斯为首的军官们都觉得这个建议很有道理，于是定为作战方案。

美军在坦克的前面安装一个宽大的、可以活动的铲斗，事先装满能快速凝结的水泥。战斗打响后，飞机盘旋轰炸，地面上带铲斗的坦克冲锋在前。在日军还没有弄清美军作战意图时，铲斗已接近了地堡入口，并迅速地用水泥把它们都堵塞了。待战斗拖延一段时间后，水泥很快变硬。就这样，在战斗中日军的 180 个地堡全部被堵住。日军在狭窄的地堡里无法施展威力，不久全部窒息而死。

按照思维惯性，要打败日军，必须炸开或炸毁日军地堡，但是美军则采用逆向思维——不炸开，而是用“堵”的方法获得了这次战役的胜利。

例 2 乒乓直板反面拉的打法

我国乒乓球运动员王皓原来是打直板快攻的选手，但随着欧洲弧圈球的发展，我国这种传统打法的优势逐渐转弱，客观形势逼得王皓的直板快攻要寻找新的模式。中国队当时新任主教练刘国梁摸索出直板横打的打法，为直板快攻闯出一条新路。王皓原来是直板两面打，在刘国梁打法的启发下，经其他教练的帮助，逐渐发展成为直板反面拉的打法。这种打法是对直板横打的发展与创新，徐寅生称这种打法把直、横两种打法的长处最大限度地兼容在一起，为直板快攻闯出了一条新路。

经过两年多的锻炼，王皓的球技迅速提高。2003 年 12 月，在广州举行的国际乒联职业巡回总决赛上，在我国男队“领军人物”马琳、王励勤意外遭淘汰的情况下，小将王皓挑起重担，勇夺男单冠军。可以说，王皓的成功就是中国乒坛运用逆向思维取得的胜利。

例 3 “汉果尔号”潜艇反其道而行之

在第三次印巴战争中，巴基斯坦海军的常规潜艇“汉果尔号”孤军深入千里之外的孟加拉海湾，采取游击战术，待摸清印度海军水面舰艇编队的活动规律后，果断出击，用反舰鱼雷击沉、击伤印度护卫舰各一艘，取得非常震撼的效果。随后，印度海军作出反应，反潜飞机、反潜战舰蜂拥而至。这时，“汉果尔号”如果采用退却战术，把潜艇开回巴基斯坦海港，肯定会遭到印度军队海空联合围剿，“汉果尔号”潜艇反其道而行之，并没有直接开回巴基斯坦海港，而是选择在孟加拉海湾潜伏了下来。

作业：

1. 听（看）了刚才的例子，你有什么想法或受到什么启发？请说出你的想法或受到的启发。

2. 请把你刚才的想法或受到的启发写进创意表里。

3. 请把你的创意做成实物。

2. 侧向思维

侧向思维是在思考问题时不从正面角度出发，而是通过出人意料的侧面来思考和解决问题，从侧向找关联、从侧向突出兴奋点、从侧向找价值等。它是一种“旁敲侧击”的异于常规的思维方法。

例 1 路的旁边还有路

一位老和尚问小和尚：“如果你前进一步是死，后退一步则亡，你该怎么办?”小和尚毫不犹豫地说：“我往旁边去。”当我们遭遇两难困境的时候，换个角度思考也许就会明白：路的旁边还有路。

“路的旁边还有路。”这就是侧向思维的表现形式。比如，我国古典文学名著《三国演义》中有“草船借箭”的情节，就是侧向思维的典范。在“赤壁之战”就要打响的前夕，周瑜借口急需 10 万支箭而想难倒诸葛亮，诸葛亮明知周瑜不安好心但又应下了在 3 天之内交出 10 万支箭的军令状。军中无戏言，3 天内怎样才能得到 10 万支箭？按常规思维就是“造箭”，然而造箭的原材料和工匠无着落，这条路肯定走不通；按逆向思维，不造箭则应“抢箭”，而曹操率领的是百万大军，又隔着长江天堑，又谈何容易。诸葛亮的聪明之处就在于他既不造箭，也不抢箭，而是出乎意料地走了“借箭”的第三条路并获得成功。虽然这是小说艺术化了的情节，但“草船借箭”确实巧妙，妙就妙在诸葛亮巧用侧向思维。

例 2 飞机的附加尾桨法

在飞机的发明史上，侧向思维立下了汗马功劳。在研究直升飞机时，曾经遇到过一个难题：怎样克服机顶旋翼转动所产生的反扭矩。按照一般人的思维常规，自然会想到加一个反方向的旋转桨。可是通过实验，这个办法没有获得成功。美国人西科斯别出心裁，他不是从反方向上寻找出路，而是巧妙地设计了一个尾桨，用一个附加部件，清除了这个派生现象。实践证明，采用附加尾桨法，飞机无论在重量上、复杂程度上，还是在功率损失上，都降低到了最低点。

例 3 某公司招聘营销人员的启事

某公司在报纸上刊登了一则招聘营销人员的启事，应聘条件、工资待遇等内容一应俱全，参加笔试、面试的要求也非常明确，可通篇启事从头到尾都没有招聘单位的联系方式。

真是怪事，招聘启事哪有不留联系方式的？可能这是招聘单位的疏忽或是报社排版的错误，于是很多人便耐心地等待报社刊登更正或补充说明。

但也有三位应聘者比别人都着急：小王在互联网网站的搜索引擎上输入公司名称，轻松地搜出了包括通信方式在内的所有公司信息；小张则立即通过 114 查号台，查出了该公司的办公电话，通过向公司办公人员咨询，取得了联系方法；而小刘查找联系方式的办法则颇费了一番周折，他依稀记得该公司在某商业区有一块广告牌，于是他骑车围着城区转了一下午，终于找到了广告牌，并顺藤摸瓜地取得了公司的地址和邮编。

公司招聘启事刊登的第三天，在多数有意应聘者正在眼巴巴地等着从新来的报纸中寻找有关的更正和补充的时候，小王、小张、小刘三人的求职信及相关材料已经寄到了该公司人事主管的手中。

面试时，公司老总对三位小伙子的材料和本人都表示满意，当即决定办理录用手续。三人对如此轻松应聘而颇感蹊跷：招聘启事中不是说要进行考试吗？老总拍着他们的肩膀说："我们的试题其实就藏在这则招聘启事中。作为一个现代营销员，思路开阔、不循规蹈矩是首先应具备的素质，你们三人机智灵活，短时间内能别出心裁，迅速找到公司的联系方式，你们已经非常出色地完成了这份答卷。"这便是侧向思维的运用。

侧向思维富有浪漫色彩。看似问题在此，其实钥匙却在彼。似乎应对准问题的焦点，答案却出于远离焦点的一侧。

作业：

1. 听（看）了刚才的例子，你有什么想法或受到什么启发？请说出你的想法或受到的启发。

2. 请把你刚才的想法或受到的启发写进创意表里。

3. 请把你的创意做成实物。

第二节　集中思维

集中思维是指在解决问题的过程中，尽可能利用已有的知识和经验，把众多的信息和解决问题的可能性逐步引导到条理化的逻辑序列中去，找到一个最好的结论或一个解决问题的最好办法。集中思维主要是逻辑思维，逻辑思维是创新思维的第二阶段，是思维的变质阶段。

例 1 调查农场起火的原因

某农场发生了火灾，我们要调查发生火灾的原因。我们分析导致火灾的原因可能有：柴草起火、烘烤起火、电线老化起火、油料起火、坏人纵火等。

然后逐步排除柴草起火、烘烤起火、油料起火、坏人纵火等起火的原因，最后剩下电线老化起火的原因。

我们从柴草起火、烘烤起火、电线老化起火、油料起火、坏人纵火等起火原因中，找出是电线老化起火的原因，这个过程就是集中思维的例子。

例 2 选择题

考试中的客观题，从 3～5 个答案中选择 1 个正确的答案，就是集中思维的运用。比如，对妇女的称呼有 38 个，即妻子、老婆、太太、夫人、老伴儿、爱人、内人、媳妇、那口子、拙荆、贤内助、对象、孩子他妈、孩子他娘、内子、婆娘、糟糠、娃他娘、崽他娘、山妻、贱内、贱荆、女人、马子、主妇、女主人、财政部长、纪检委、浑人、娘子、屋里的、另一半、女当家、浑家、发妻、堂客、婆娘、领导。从这 38 个称呼中抽象出一个名词“妇女”就是集中思维的表现形式。

例 3 《除蝗疏》

明朝时，江苏北部曾经出现了可怕的蝗灾，飞蝗一到，成片成片的庄稼被吃掉，颗粒无收。徐光启看到人民的疾苦，想到国家的危亡，毅然决定去研究治蝗之策。他收集了自春秋以来2000多年有关蝗灾情况的资料。在这浩如烟海的资料中，他注意到蝗灾发生的时间。在所发生的111次蝗灾中，发生在农历四月的有19次，发生在农历五月的有20次，农历六月的有31次，农历七月的有20次，农历八月的有12次，其他月份总共只有9次。由此他确定了蝗灾发生的时间大多在夏季炎热时期，以农历六月发生最多。另外，他从史料中还发现，蝗灾大多发生在河北南部、山东西部、河南东部，以及安徽、江苏两省北部。为什么多集中于这些地区呢？经过研究，他发现蝗灾与这些地区湖沼分布较多有关。他把自己的研究成果写成了《除蝗疏》，并提出了有效治理蝗虫的方法向百姓宣传，并呈递给了当时的皇帝，也为后人消除蝗灾提供了重要的参考资料。

集中思维的主要方法有抽象与概括、分析与综合、比较与类推、归纳与演绎。

作业：

1. 听（看）了刚才的例子，你有什么想法或受到什么启发？请说出你的想法或受到的启发。

2. 请把你刚才的想法或受到的启发写进创意表里。

3. 请把你的创意做成实物。

一、抽象与概括

1. 抽象思维

抽象思维又称逻辑思维，是人们在认识活动中运用概念、判断、推理等思维形式，对客观现实进行间接的、概括的反映的过程。

例 1 水果

在一次演讲中，一位演讲人员开了一个小玩笑："三天之内，朋友们给我一个水果，能够办到吗?"听众齐声回答："能!"一位高中生高声说："不要三天，现在就去给你买一个梨子来，不就办到了吗?"

演讲者又说："请注意，我要的是水果!"

大家听了一片茫然，苹果不就是水果吗?

面对五颜六色的苹果、梨子、柑橘、香蕉、菠萝……我们抽象为"水果""植物的果实"，"水果"就是所有含有水分的植物的果实的统称，苹果是具体的，水果是抽象的。"水果"就抓住了共同点和本质的属性。

这就是抽象思维的案例之一。

例 2 体力劳动与脑力劳动

劳动可以分为脑力劳动和体力劳动两大类。除草、松土、施肥、修剪是体力劳动。创造知识、传授知识、管理知识和实现知识是脑力劳动。除草、松土、施肥、修剪，创造知识、传授知识、管理知识和实现知识，我们抽象为"劳动"，即把维持自我生存和自我发展的唯一手段抽象为“劳动”。除草、松土、施肥、修剪是具体的，“体力劳动”是抽象的。创造知识、传授知识、管理知识和实现知识是具体的，“脑力劳动”就是抽象的。

例 3 相对论形象化

一次，一位不知相对论为何物的年轻人向爱因斯坦请教相对论。相对论是爱因斯坦创立的既高深又抽象的物理理论，要在几分钟内让一个“门外汉”弄懂什么是相对论，简直比登天还难。然而爱因斯坦却用了一段十分简洁、形象的话把深奥的相对论深入浅出地作出了解释。

“比方说，你同最亲爱的人在一起聊天，一个钟头过去了，但是你只觉得过了 5 分钟；可是如果让你一个人在大热天孤单地坐在炽热的火炉旁，5 分钟就好像一个小时。这就是相对论！”

爱因斯坦用形象化的比喻，就把相对论形象化了。相对论，就是抽象的。

作业：

1. 听（看）了刚才的例子，你有什么想法或受到什么启发？请说出你的想法或受到的启发。

2. 请把你刚才的想法或受到的启发写进创意表里。

3. 请把你的创意做成实物。

2. 概括思维

概括是从种概念推演到包含它的属概念的逻辑方法。概括也是依据属概念与其种概念的内涵和外延之间具有的反变关系进行的。属概念的外延大于种概念的外延，为了从种概念推演到属概念就要减少种概念的内涵。

例 1 从种概念推演到属概念

概括正是通过减少种概念的内涵，扩大种概念的外延，从而由种推演到属概念的。概括的一般形式可以表示为：

种概念—种差—属概念。

比如，(1) 自然科学—以自然界为研究对象的—科学。

(2) 大学—进行高等教育的—学校。

(1) 和 (2) 都是概括，它们都是通过减少种概念的内涵，扩大种概念的外延，从而推演到属概念的。

例 2 概括可以分为一次性概括和连续概括两种

减少一次内涵，从而扩大一次外延的概括称为一次概括。上面所举的例 (1) 和例 (2) 都是一次概括。

减少两次以上内涵，从而扩大两次以上外延的概括称为连续概括。其中包含两次概括、三次概括、四次概括等。

比如，(1) 中国革命战争—中国的—革命战争—革命的—战争。

(2) 中国北方的最大城市—北方的—中国最大的城市—最大的—中国的城市—中国的—城市。

它们都是连续概括，例 (1) 是两次概括，例 (2) 是三次概括。

概括的主要作用之一，也是有助于人们准确地使用概念。为了纠正“定义过窄”的错误，就可以通过概括，扩大下定义项的外延，从而得出被定义项的全同概念。

作业：

1. 听（看）了刚才的例子，你有什么想法或受到什么启

发？请说出你的想法或受到的启发。

2. 请把你刚才的想法或受到的启发写进创意表里。

3. 请把你的创意做成实物。

二、归纳与演绎思维

归纳思维是从个别性的前提推论出一般性结论的推理方法。先摆事实，后求结论，这是从个别到一般，寻求事物普遍特征的认识方法。优点是能体现众多事物的根本规律，且能体现事物的共性。它有两种功能，一是概括一般情况，二是推测将来结果，其结论都超越了前提的范围。缺点是容易犯不完全归纳的毛病。

演绎推理就是从若干个已知条件出发，按照条件之间的必然逻辑联系推出新条件的思维方法。演绎推理既可以作为探求新知的工具，使我们从已有的认识推出新的认识，又可以作为论证的手段，使我们借以证明某个条件或反驳某个条件。演绎推理法是一种解决问题的实用方法。我们可以通过演绎推理找出问题的根源，然后提出可行的方案，从而实现创新。

1. 归纳思维

归纳思维方法，一般包括完全归纳法和不完全归纳法。完全归纳法是指人们观测和判断出某一类事物中所有的每个对象都具有的某种属性，从而推断出该类事物都具有该种属性。

不完全归纳法，又被人们称为不完全归纳推理。它是指人们经过观测某一类事物中的一部分具体对象具有某种属性，从而推理出该类事物都具有该种属性。由于不完全归纳法的前提是某类事物中的部分或个别对象，其推理结论又超出了前提的范围。

例 1 所有的花生仁都有粉衣包着

一位老师傅带着两个徒弟，师傅想考考他们，看看谁更聪明一些。他把两个徒弟叫到面前说："给你俩每人一簸箕花生去剥皮，看看每一粒花生仁是不是都有粉衣包着，看谁能先回答出我的问题。"

大徒弟一听，端起簸箕就大步流星地往家里跑，到家后，饭也没有顾得上吃，就连忙剥起花生来，急得出了一身汗。

二徒弟却不慌不忙地端着簸箕走回家去，他先对着花生端详了一会，思索了一下，然后把肥的、瘦的、熟了的、没有熟的，还有一个仁儿的、两个仁儿的、三个仁儿的各打开几个，结果发现每颗花生米都有粉衣包着。他想：不用全剥了，我都知道了。

大徒弟从早晨一直剥到傍晚，才把一簸箕花生剥完。他急忙去向师傅报告。到那里一看，师弟早已在那里了。

师傅见两个徒弟都来了，就说："二徒弟先到的，先回答我的问题吧！"

二徒弟回答说："我剥了几粒花生，就知道所有的花生仁都有粉衣包着。"

大徒弟听了，恍然大悟地说："还是师弟比我聪明呀！"

在这个问题上，大徒弟采用的是完全归纳推理，他剥了一簸箕里的每一粒花生，才得出"所有花生仁都有粉衣包着"的结论。二徒弟则采用的是不完全归纳推理中的科学归纳推理，他只剥了一小部分花生就得出了同样的结论。

例 ② 做梦是入睡时眼珠转动的原因

有位医生看到儿子睡觉时眼珠忽有转动，他感到奇怪，连忙叫醒儿子，儿子说他刚才正做梦。医生想，眼珠转动和做梦有什么联系呢？于是他又观察了妻子和一些病人做梦时的情况，然后进行归纳推理并得出了结论。他的归纳推理采用了求同法，推理过程是：

儿子、好动、做梦、有眼珠转动；
妻子、好静、做梦、有眼珠转动；
病人、瘫痪、做梦、有眼珠转动；

结论：做梦是入睡时眼珠转动的原因。

例 ③ N 很可能是形成丝的一个重要原因

蚕能吐丝，这引起人们的思考，能否通过人类的智慧制造出蚕丝呢？这个诱人的希望成为许多科学家和发明家孜孜以求的奋斗目标。化学家们开始比较桑叶和蚕丝的区别，发现二者组成中都含有碳、氢、氧三种元素，但蚕丝中还含有氮。科学家们抓住这一发现，通过差异归纳形成了研制人造丝的新思路。其归纳推理过程是：

蚕丝：含有 C、H、O、N，具有丝的一般特性；
桑叶：含有 C、H、O，不具有丝的一般特性；

结论：N 很可能是形成丝的一个重要原因。

据此，1855 年瑞士奥蒂玛斯用含氮的硝酸处理纤维，制成了硝酸纤维，抽出了丝。可惜用这种方法制成的丝并不理想，不具备实用价值。1884年，法国科学家巴斯德的弟子查·唐纳托，也根据这个归纳推理的启示，首先制造出硝酸纤维素，再把这种含氮的纤维素放在酒精中溶解，变成溶液，通过细孔压出一条条直径1毫米的细流，溶液中的酒精蒸发后，就变成了一根根细丝。这就是最初发明的人造丝。1889年，查·唐纳托的发明成果在英国伦敦的万国博览会上展出，获得世人的赞赏。

我们对于客观事物的认识，一般都是先从认识个别的事物开始的，然后才能进一步把握其一般规律。归纳思维方法就是从许多同类的个别性事物概括出一般性结论的思维方法。

作业：

1. 听（看）了刚才的例子，你有什么想法或受到什么启发？请说出你的想法或受到的启发。

2. 请把你刚才的想法或受到的启发写进创意表里。

3. 请把你的创意做成实物。

2. 演绎思维

演绎思维就是从若干个已知条件出发，按照条件之间的必然逻辑联系推出新条件的思维方法。演绎思维既可以作为探求新知的工具，使我们从已有的认识推出新的认识，又可以作为论证的手段，使我们借以证明某个条件或反驳某个条件。演绎思维是一种解决问题的实用方法。我们可以通过演绎思维找出问题的根源，然后提出可行的方案，从而实现创新。

例 1 元素周期律

俄国化学家门捷列夫在从事化学研究中，发现了元素化学性质的变化与原子量的变化之间有函数关系。然而，他开始并没有说明这种关系的内在机理。精通演绎思维的门捷列夫却从发现的化学规律出发，推演出一些重要的结论，并预言了一些当时尚未被发现的元素，推断了这些待发现的元素所具有的化学性质。后来，他的预言得到了证实。在门捷列夫研究的基础上，化学家们终于揭示了化学元素周期律。

从普遍定律出发，进行演绎思维的创新实例举不胜举。牛顿关于地球是扁圆形的假说，就是从万有引力定律和离心力定律出发推演出来的。从光的反射定律出发，人们从理论上推出汽车驾驶室外的后视镜应设计成凸镜；根据热力学第二定律，我们也可以得出不可能发明永动机的结论。

例 2 伽利略推翻亚里士多德理论

亚里士多德认为，自由下落的物体，重量越大则下落速度越快，重量越轻则下落速度越慢。伽利略不相信亚里士多德的结论，他用演绎思维推翻了这一定理。演绎推理的过程如下。

假设物体 A 比 B 重得多，如果亚里士多德的论断是正确的，A 就应该比 B 先落地。现在把 A 与 B 捆在一起成为物体 A+B，一方面因 A+B 比 A 重，它应该比 A 先落地；另一方面，由于 A 比 B 落得快，B 会拖 A 的后腿，因而大大减慢了 A 的下落速度，所以 A+B 又比 A 后落地。这样就得到了两个互相矛盾的结论：A+B 既应该比 A 先落地，又应该比 A 后落地。这个已沿续 2000 年的错误就这样给纠正了。

通过演绎思维得出的结论是一种必然无误的断定，因为他的结论所断定的事物情况并没有超出前提所提供的知识范围。

例 3 黄金价格猛跌的原因

1983 年秋至 1984 年初，气候异常的报道频频传来。在日本阳光直射率减少了20%，日本的长崎、山阴等地发生了特大水灾；英国、西班牙、葡萄牙等国的西海降雨频繁，随之这些国家的内陆发生特大干旱；澳大利亚及美国都轮番遭到寒潮与热浪的袭击；苏联的北极运输船队因冰封而困在北冰洋；与此同时，美国宣布减少1/3耕地面积；美、苏关系发生微妙变化；世界黄金价格猛跌……为什么会出现这些异常现象呢？

正当人们对此迷惑不解之时，日本东京创造性开发研究所的创始人山上定也对上述现象进行了精辟的逻辑推论。他将起因追溯到1982年春季，随后进行了如下的逐层推演。

1982年2月底至3月初，墨西哥艾尔·基琼火山大爆发。据说，这次火山爆发时喷向天空的火山尘埃是观察史上前所未有的。

艾尔·基琼火山爆发，向天空喷发了大量的“核”，为云的形成创造了有利条件。而云却把从遥远的太阳来到地球的85%的能量反射回去，这样使地球变得更加寒冷。

那些能够充当“核”的尘埃大量停留在天空中，结果，天空就很容易形成云，云很容易变成雨滴，这样就容易下雨。

由于一部分地区经常下雨，云中的能量几乎全部释放光了，致使热能分布不平衡。热能分布不平衡的结果，形成了一种大雨和干旱、寒潮与热浪交叉发生的怪气候。

山上定也接着由自然现象的异常推论到社会现象的变化，即由于气候异常，世界各地农业陷入困境，粮食将会欠收。然而，在这紧要关头，美国却做出了减少1/3耕地面积的决定。显而易见，

美国的所作所为将迫使粮食价格上升。而苏联处在严寒与干旱双重袭击下，必然大量进口粮食，还不得不依赖于美国。由于苏联买粮超支，最后只有一条出路，就是卖出黄金，这就导致世界上黄金价格猛跌。

在这一事例中，山上定也就是依据普遍性科学理论及特殊条件，来解释许多令人吃惊的问题的。

作业：

1. 听（看）了刚才的例子，你有什么想法或受到什么启发？请说出你的想法或受到的启发。

2. 请把你刚才的想法或受到的启发写进创意表里。

3. 请把你的创意做成实物。

第三单元

做创新的事

学习发明创新要做三件事，第一件是训练解题时间即思维速度或学习效率；第二件是训练科学方法；第三件是把学习中产生的创意，做成发明作品参加科技创新比赛。

第一章　训练解题时间

人是习惯性的动物，我们常用自己习惯的模式去处理事情。创新力的培养就是从生活中一点一滴的小小改变开始。改变不仅是习惯问题，也是观念和心态问题。在巨变的时代中，改变是现代人的必修课。

第一节　思维力的“三要素”

在物理学中，力有大小、方向和作用点“三要素”。假设思维力同样具有大小、方向和作用点“三要素”。那么在这“三要素”当中，最关键、最主要的是大小要素，其次是方向要素，最后是作用点要素。思维方法正确，节省解题时间。思维方法错误，延误解题时间。思维方法是决定思维力大小的间接因素，不是直接因素。思维力的大小受训练解题时间的影响，思维力的方向受训练思维方法包括创新思维的影响，思维力的作用点受训练思考解决的问题影响。所以，训练思维方法固然重要，但是决不能忽视解题时间训练。

例 1 不可逃脱的命运

旧社会，有一个人为了安葬他的妻子，借了一笔高利贷，无法按时偿还。而放高利贷者趁火打劫，还想霸占他的女儿。

放高利贷者假惺惺地对他说："我知道你没有钱还债，给你一次机会，我在口袋里放一颗黑石子和一颗白石子，假如你的女儿摸到白石子，你我的债务就一笔勾销；假如摸到黑石子，你就拿女儿抵债。"他的女儿眼尖，一眼看见放高利贷者放入口袋的是两颗黑石子。女孩想，戳穿放高利贷者的把戏，父亲又没钱还债；违心去摸，肯定不会摸出白石子，只能接受放高利贷者的凌辱。怎么办呢？

面对自己几乎不可能逃脱的厄运，她忽然灵机一动，对放高利贷者说："你说话可得算数，如果我摸出白石子，这笔账就得一笔勾销。"说完，她从口袋里摸出一颗石子使劲地往河里扔去，然后把口袋里剩下的黑石子放在放高利贷者的手心，说："剩下的这颗是黑石子，说明我刚才摸出的是白石子。"放高利贷者哑巴吃黄连，只好一笔勾销了债务。

怎样摸出白石子，是思维力的作用点要素。答应"打赌"就要用最短的时间去摸出白石子，是思维力的大小要素。随着摸出白石子所用时间的逐渐延长，思维力就会逐渐衰减变弱。摸出一颗黑石子扔进水里，口袋里留下的是黑石子，扔掉的就是白石子，是思维力的方向要素。假如穷人的女儿答应了"打赌”，结果等“打赌”的时间都结束了还没有找到解决问题的方法，即错过了解决问题的时间，事情还有挽回的余地吗？还有补救措施吗？在这里，解决问题的时间即思维力的大小要素的作用明显大于思维方法即思维力的方向要素的作用。

例 2 便衣警察的故事

在某市开往北京的一列火车上，一位便衣警察刚走进卫生间，冷不防一个艳装的妙龄女郎一闪身也挤进了卫生间，她反手将门关上，说：“请你把手机和钱包给我，否则我就喊人，说你非礼我！”

事情发生很突然，这位警察知道，在卫生间里没有其他人，声张早已来不及了；稍有迟疑，就会使自己陷入被动，影响执行任务。此时，陷入困境中的警察灵机一动，他突然张着嘴巴，指着耳朵，不停地“啊，啊”，装成一个聋哑人的样子，表示自己不知道她在说什么。这女人为难了，赶紧打手势。警察仍然摇头，焦急地“啊，啊……”女人失望了，心想，真倒霉，碰上了一个哑巴！正当她转身想要离去时，哑巴一把抓住这个女人，取出钢笔递给她，打手势要她将刚才说的话写在自己手上，并将手掌伸了过去。

女人见有了转机，不禁转忧为喜，接过钢笔就在警察的手上写下了：把你的手机和钱包给我，不给，我就喊你非礼我。警察此时一翻手掌，抓住女人说话了：“我是便衣警察，你有抢劫嫌疑，这就是证据。”这女人顿时目瞪口呆。

怎样逮住这个抢劫嫌疑人是思维力的作用点。在妙龄女郎喊出“非礼呀！非礼呀……”之前就要逮住她，决定思维力的大小。随着逮住这个抢劫嫌疑人所用时间的逐渐延长，思维力就会逐渐变弱。假扮聋哑人是思维力的方向。假如这位便衣警察在妙龄女郎喊出“非礼呀！非礼呀……”之前，没有找到逮住她的方法，即错过了解决问题的时间，是不是这位警察的声誉和整个公安队伍的形象都要受损？在这里，解决问题的时间即思维力的大小的作用同样大于思维方法。

例 3 “66 万买奔驰未出店就漏油事件”

2019 年 4 月 13 日，西安“66 万买奔驰未出店就漏油事件”，一段长达 18 分钟的女车主与高管的对话录音被曝光。在这段录音里，奔驰 4S 店高管向女车主道歉。高管说：“我没有及时见你，是因为出国了。”女车主反问：“我找了您十几天，难道国外没有网络吗？”高管反复强调，他们在与奔驰官方沟通。

女车主反问：“我问你几个简单的问题，第一我钱是交给你们 4S 店的，我交的是西安利之星，并不是奔驰官方，你跟奔驰官方怎么沟通是你们的事，跟我又有什么关系呢？我是做餐饮店的，难道有人在我的店里吃食物中毒了，我说种菜的农民洒农药了，我要先跟那个农民沟通一下吗？我觉得无可推卸，请你们承认这是你们的责任……”高管还给出其他解释，但都被女车主有理有据怼回去，对方几乎无力反驳。

在这一事例中，怎样驳斥高管是思维力的作用点。高管说完话就要反驳决定思维力的大小。找到反驳的理由是思维力的方向。假如高管每讲完一句推脱之辞，只要女车主有一句话找不到反驳的理由，即错过了解决问题的时间，受损失的钱就不是几百元、几千元的问题，而是上万元的损失。在这里，解决问题的时间即思维力的大小的作用，同样大于思维方法。

过去我们认为，创新思维是创造力的核心，言下之意，只要掌握了创新思维，人类的创造力自然就会形成或发挥出来。

用力的“三要素”来与培养思维力进行对比，通过不完全归纳，我们可以说，训练思维力的大小要素在培养思维力中非常重要。解决问题的时间即思维速度决定思维力的大小，思维方法决定思维力的方向，思考解决的问题决定思维力的作用点，这是形成思维力的规律。在学校不重视解决问题的时间训练，思维力就会从时间中渗漏、流失，削弱思维力。学校的语文、数学、物理等学科每天都在教我们逻辑思维，为什么我们的思维力不强？问题就在这里！

训练解决问题的时间放到学习上，就是训练解题时间。同学们在学校训练解题时间，长大后养成的就是解决问题的习惯。过去我们遇到问题时，总是退缩，让其他同学去训练解题时间，而主动放弃解题时间的训练，这是培养思维力的大忌。训练解题时间放到工作和发明创新中，就是提高单位时间内搜索和处理信息量的能力，即快速解决问题，决不能养成拖泥带水的习惯。

第二节　学校成绩新概念

“120 分钟完成 150 分，或 90 分钟完成 100 分”的考试是高考的实施方法，“学校成绩表示学生在考卷上所答对的分数”是高考成绩的概念。首先，从实施方法上讲，“120 分钟完成 150 分或 90 分钟完成 100 分”的考试实施方法是“定时定量”，这样的制度设计是不科学的。这样的方法只能调动中等生和学困生的学习积极性和激情，不能调动学优生特别是具有学科特长和创新潜质的学生的学习积极性和激情。因为真正具有学科特长和创新潜质的学生，完成作业或考试后要等到中等生或中等偏上的学生追赶上来，不是在同一条起跑线上赛跑，二者的考试成绩会产生混淆，谁是真正具有学科特长和创新潜质的学生与中等或中等偏上的学生分不清楚，所谓“综合评价”同样分不清真假，是一套鱼目混珠的方法。普通高校录取的学生，可能并不是他们所需要的人才。在实施方法上，对选拔具有学科特长和创新潜质的学生，培养创新人才不利。

表现在学习上，就是具有学科特长和创新潜质的学生潜能没有得到充分发挥，学习时间没有得到充分利用。在考试中，临近交卷时具有学科特长和创新潜质的学生无题可答，答题时间也没有得到充分利用和发挥，只有坐在凳子上等待，学校往往以“安全事故”为由，扼杀了这些同学的学科特长和创新潜质，让拔尖创新人才“胎死腹中”。

其次，从概念上讲，“学校成绩表示学生在考卷上所答对的分数”也是不准确的。“路程=速度×时间”“速度=路程÷时间”“功率=功÷时间”，举一返一，“学校成绩”的概念也不是“表示学生在考卷上所答对的分数”。其原因：一是我们把“路程=速度×时间”这个公式移植到“学校成绩”这个概念上来，把“路程”联想成学校成绩即知识的迁移，把“速度”联想成思维速度或学习效率，把“时间”联想成学习时间，就出现了新的公式：学校成绩=思维速度（学习效率）×学习时间。二是我们把“速度=路程÷时间”这个公式移植到“学校成绩”这个概念上来，同样把“速度”联想成思维速度，把“路程”联想成学校成绩，把“时间”联想成学习时间，就出现了新的公式：思维速度=学校成绩÷学习时间。三是把“功率=功÷时间”这个公式移植到“学校成绩”这个概念上来，把“功率”联想成思维速度或思维力，把“功”联想成学校成绩，把“时间”联想成学习时间，就出现了新的公式：思维速度=学校成绩÷学习时间。由此可见，创造力传统测量法的“学校成绩”这个概念“表示学生在考卷上所答对的分数”是不准确的。准确的概念是“学校成绩=思维速度（学习效率）×学习时间”“思维速度=学校成绩÷学习时间”。

每次考试，学科老师都要用每个学生在考卷上所答对的分数去除以在考卷上所答对的分数所用去的时间，计算思维速度或学习效率，非常麻烦，不简便。所以从简便计算思维速度或学习效率的角度出发，考试“定时定量”的方法宜借鉴人事招聘考试“定时不定量”或径赛“定量不定时”的方法，改革为考试时用“定时不定量”的方法，平常作业时用“定量不定时”的方法计算学校成绩，这样有利于训练解题时间及思维力大小要素和专注力。

这套方法也是对创造力传统测量法的学校成绩的概念和实施方法的改进和创新。

第三节　古人识人的方法

我国有几句谚语，如，“三岁看大，七岁看老”“人看从小，马看蹄爪”“小时了了，大未必佳”，等等。意思是说一个孩子以后会朝什么方向发展，能不能成为英雄豪杰，长大以后能不能出人头地，将来在社会上能不能干出一番事业，其实从小都看得出来。

古人很早就觉察出了这个问题，可惜没有发现其中的规律。古人是怎样观察出一个孩子长大之后会朝什么方向发展的呢？

例 1 司马光砸缸

司马光，字君实，陕州夏县人。其父亲的名字叫司马池，任天章阁待制。司马光七岁时，已经像成年一样特别喜欢听人讲《左氏春秋》，了解其大意后回来再讲给家人听。从此司马光便对《左氏春秋》爱不释手，甚至忘记饥渴和冷热。有一天，一群小孩子在庭院里玩耍，一个小孩站在大缸沿的上面，不小心失足跌落缸中被水淹没，当其他的小孩都跑掉时，司马光举起一块大石头砸破了缸，水从缸中流出，小孩子因此得救了。

在“司马光砸缸”这个故事当中，小孩被淹死的时间非常短暂，“不能让小孩被淹死”是解决问题的时间要求，这直接关系到思维力的“大小”；逆向思维——让水离开人是思维力的“方向”；把人从水缸里救出来是思维力的“作用点”。假如缸里的小孩被淹死了，司马光才站出来说：“你们怎么不砸破水缸，让水离开人，把人救出来呢？”这叫“马后炮”或“事后诸葛亮”，思维力还存在吗？在这里，思维力的大小的作用大于思维力的方向。正因为司马光解决问题用去的时间少，能想到让水离开人的救人方法，并保持了这种学习品质，所以，后来司马光才成为了北宋杰出的政治家、史学家和文学家。

例 2 七步成诗

魏文帝曹丕曾经命令东阿王曹植在七步之内作成一首诗，假如作不出的话，就要动用死刑。曹植应声便作成一首诗：“煮豆持作羹，漉菽以为汁。萁在釜下燃，豆在釜中泣。本自同根生，相煎何太急？”魏文帝听了深感惭愧。

在“七步成诗”这个故事中，“七步”是解决问题的时间要求，这直接关系到思维力的“大小”；用萁豆相煎来比喻骨肉相残，讽刺曹丕对曹植的迫害是思维力的方向；作一首诗是思维力的作用点。假如曹植在“七步之内”没有作出一首诗，那么连命都保不住了。在这里，思维力的大小的作用同样大于思维力的方向。正因为曹植解决问题用去的时间少，能在七步之内作成一首诗，并保持了这种学习品质，所以后来才成为三国时期曹魏著名的文学家、“建安文学”的代表人物之一与集大成者。他在两晋南北朝时期，被推尊到“文章典范”的地位，与曹操、曹丕合称为“三曹”。南北朝时期文学家谢灵运有“天下才有一石，曹子建独占八斗”的评价。

例 3 孔融见李膺

孔融，字文举，东汉鲁（今山东曲阜）人，孔子二十世孙。

孔融10岁那年，随父亲来到洛阳。

李膺，字元礼，东汉颍川襄城（今属河南）人，品格高洁，有文武俊才，为天下名士，人称“天下楷模李元礼”。

孔融初到洛阳时，李膺正在朝中任司隶校尉，官高位显。读书人入洛阳者，无不设法登门求见，有幸得到李膺接见者，当时称为“登龙门”，可见荣耀之至。李膺应接不暇，只好设定条件加以限制，非中表亲戚及有名望的杰出士人，门卫一律挡驾。

孔融虽然年幼，却也久仰李膺大名，很想登门拜会，一睹其风采。可是，孔融既非亲戚，又非名人，一个孩子怎样才能走进那扇威严的大门呢？孔融想了想，笑了。

一天，孔融来到李府门外。看到来了一个小孩儿，门卫便想赶他离开。这时，孔融不慌不忙地对门卫说：“我是李府君的亲戚，烦劳通禀。”

门卫一听是李大人亲戚，赶紧通报。李膺说：“既然是亲戚，就请他进来吧。”

落座以后，李膺左看右看，从未见过面，怎么也想不起来是哪门子亲戚，只好问道：“您和我有什么亲戚关系？”

孔融从容答道：“从前，我的先人仲尼与您的先人伯阳有师友之交，这样算起来，我和大人也算是世家通好吧？”

原来，春秋时孔子到周王城洛阳，曾向老子请教过周礼的一些问题。这件事在《史记》中曾有记载，李膺当然知道。

听了孔融的回答，李膺和在场的宾客莫不啧啧称奇，都说：“真是个神童啊！”

稍后，太中大夫陈炜到，邻座者把刚才孔融的回答说给他听，陈炜听了，随口说道：“人小时了了者，长大未必能奇。”意思是说，人小时候聪明，长大不一定出众。

孔融听了，大为不悦，当即朗声说道："想君小时，必当了了。"意思是说，陈大人小时候一定是聪明的人了。言外之意是讥讽陈炜现在平庸无能。

陈炜碰了个"软钉子"，十分尴尬，却又无言以对。

李膺朗声大笑，对孔融说："你长大一定是栋梁之材。"

在"孔融见李膺"这个故事中，李膺问完孔融的话就要作出回答是解决问题的时间要求，这直接关系到思维力的"大小"；"我的先人仲尼与您的先人伯阳有师友之交，这样算起来，我和大人也算是世家通好吧"是思维力的方向；怎样见到李膺是思维力的作用点。假如李膺问完孔融的话，孔融不能立即作出回答，李膺还会见孔融吗？史书上还会有"孔融见李膺"这个聪明的故事吗？在这里，思维力的大小的作用同样大于思维力的方向。正因为孔融解决问题用去的时间少，能够突破常规答出与李膺之间的亲戚关系，并保持了这种学习品质，所以，后来他成为东汉末年的文学家，"建安七子"之一。

同学们可以用思维力的"三要素"去对照分析曹冲称象、晏子使楚、杨氏之子等聪明故事。我们把司马光砸缸、七步成诗、孔融见李膺、曹冲称象、晏子使楚、杨氏之子等历史故事联系起来看，就会发现，古人从小观察一个孩子以后会朝什么方向发展的方法，是观察其思维力的大小。落实到学习上，就是观察其训练完成作业或考试的时间，即思维速度或学习效率。落实到工作上，就是观察其解决问题的时间，即工作效率或办事效率。所以我们不能被司马光、曹植、孔融、曹冲、晏子、杨氏子等人"聪明"的现象所迷惑，要学习他们解决问题花费时间少办事能力强、做事效率高的优秀品质的本质。

训练解题时间的方法，就是养成平时像人事招聘考试那样"定时不定量"，像径赛那样"定量不定时"完成作业或考试的习惯。这种做法与古人识人的方法如出一辙，它是继承中华优秀传统文化的创新成果！

第四节　影响学习效率的因素

是什么影响了我们的学习效率？从训练解题速度、确保自己一直在做最重要的事这两个方面来查找原因，是提高学习效率、标本兼治的方法。

第一，在现代人眼里，时间就是金钱，时间已经成为人的“第二生命”。思科 CEO 钱伯斯有关当今市场竞争不是大鱼吃小鱼，而是快鱼吃慢鱼的“快鱼法则”告诉我们，速度会转换为市场份额、利润率和经验。“快鱼法则”不仅体现在市场竞争中，而且在企业内部管理中仍然表现出其重要性，即提高工作效率。同样一件事，第一个人用一小时做好，第二个人用半小时做好，那后者就是“快鱼”，他就能在有效的工作时间内做更多的事情，他就是优胜者。在学习中，“快鱼法则”仍然表现出其重要性，即提高学习效率。同一道题或一场考试，我用一小时做好，其他同学用半小时做好，那后者就是“快鱼”，他就能在有效的学习时间内学到更多的知识与经验，他就是优胜者。训练解题速度、提高学习效率，是每一位同学综合素质中最基本的素质。在学习中，如果我们还不是像人事招聘考试那样“定时不定量”、像径赛那样“定量不定时”地完成作业或考试，提高学习效率，还是用“学校成绩表示学生在考卷上所答对的分数”的概念，依然采用“120 分钟完成 150 分，或 90 分钟完成 100 分”的考试的实施方法去学习，就已经落伍跟不上时代了。

每个同学一天都只有 24 小时，再怎么挤，时间也是有限的。除去吃饭和睡觉的时间之外，提高时间利用率最有效的方法就是像人事招聘考试那样“定时不定量”、像径赛那样“定量不定时”地完成作业或考试，训练解题速度，提高学习效率。只有这样，才能养成快捷的观念和习惯，每天才会有更多的充裕时间来学习。

第二，提高学习效率的有效途径是按照事情的轻重缓急，选择最重要的事情先做，确保自己一直在做最重要的事情。利用好时间最重要的原则，就是不要试图把所有的事情都做好。

首先，要懂得舍弃。真正懂得如何利用时间的人，一定懂得如何舍弃。比如，你的面前放着一大堆书，你该如何阅读？最有效率的方法就是拿起一本书认真阅读，读完了这本书之后再拿下一本，而不是同时拿起几本书随意浏览，结果哪本书都读不好。首先应该选择哪一本书？答案很简单：最重要的那本书。对第二重要的那本书，坚决不看。当把最重要的那本看完之后，第二重要的那本书此时也就变成最重要的了。确保自己一直在做最重要的事，实际上就是确保自己的时间一直在被高效利用。假如今天我们计划要做五张试卷，即语文、英语、数学、物理、化学各一张，那么，我们应该首先做最需要提高的那门科目的卷子。即使做完第一张试卷之后，因为一些事情耽搁了做另外的四张试卷，已经做了的这第一张试卷，对自己的成绩仍然是有极大帮助的。

要学会放弃那些看起来很有价值，但是超过自己能力范围的事情。在有限的时间内寻找最重要的事情来做，要放弃的东西，不仅仅是那些看起来不太有价值的东西；更重要的是，要学会放弃那些看起来很有价值，但是超出自己能力范围内的事情。比如，一道难度极高的题目，总是让人忍不住想去挑战一下。如果你做完了试卷前面的题目之后，还有充足的时间去解决最后那道难题，这样的难题当然值得去挑战，因为它会给你加分。但是，如果前面的题目你做起来都很困难，那么，去挑战那样的难题，不仅没有结果，还会让你减分。因为这会让我们没有时间去确保自己做对那些本来可以拿分的题目。要保证自己的学习效率，就要多做与自己能力水平相适应的题目，这样既有成就感又能提高解题能力。这样循序渐进，才能真正高效率地利用学习时间。

其次，要根据不同学习内容的特点来安排学习时间。每一个小时都是很独特的，在每一个小时里，我们周围的环境、我们自己的生理和心理状态都会发生变化。上课的时间和在家自习的时间，显然是各不相同的。我们不能简单地把 24 个小时划分成一个一个的小格子，然后往里面填充内容，然后再管这叫“时间计划”。我们必须学会让不同的学习内容和不同的时间相契合。比如，面对那些需要大量的阅读、理解和背诵的东西，就要安排时间比较长、精力比较充沛、不容易受到干扰的时段来做。而那些精力不太旺盛、比较容易受干扰的时段用来做什么呢？用来做题。因为做题的时候需要动笔演算，可以强迫自己集中注意力，即使周围环境比较吵闹，即使自己的精力不太充沛，但是仍然可以达到练习的效果。

最后，除了要挤时间来学习以外，还要注意挤时间来休息。要想把时间利用好，不能只顾学习，还要学会挤时间来休息。有很多同学喜欢熬夜，他们认为因为夜里安静，所以应该有利于学习。但是，这样做就会影响白天的精神，上课老想打瞌睡，又怕被老师发现，睡得很不安稳，于是课没有听好，觉也没有睡好，一天到晚都迷迷糊糊的，这样就会影响身体健康和学习效率。

第二章　科学方法

训练思维力作用点的方法，重点是思辨能力和科学方法训练。科学方法训练，第一步是提出问题和假设，第二步是根据提出的问题去找数据，第三步是做分析、检验假设的真伪，第四步是根据分析检验的结果做出解释，如果结论是证伪了当初的假设，那么，为什么错了？如果是验证了当初的假设，又是为什么？第五步就是撰写报告或者文章。“落脚点”实际上是科技小论文。

科技小论文是同学们在科技活动中通过科学观察、实验或调查，探索和研究身边的事物，取得一定的成果，或将已知科学原理和方法应用于实际做出小发明的一种书面总结。

科技小论文不是科普文章，也不是科普作文。科技小论文是一年一度的全国、省市青少年科技创新大赛的重要内容之一。

第一节　科技小论文的特点

科技小论文的特点是具有科学性、创造性、实践性和实用性。

一、科学性

科学性是科技小论文有别于其他各类体裁文章的重要特点之一，是科学小论文的生命。要求做到以下三点。

（1）内容的科学性——论文的内容必须是客观存在的事实，即要求内容真实、可靠。

（2）研究思路与方法的科学性——论文提出的研究思路要清晰，研究过程完整，方法正确。

（3）表达的科学性——论文的语言文字表达要符合逻辑性，论据确凿，论证合理且符合逻辑，正确运用概念、判断和推理。论文结构要合理，论文体例及格式要符合规范。

二、创造性

创造性是衡量科技小论文价值的根本标准。创造性就是指前人没有研究过的新理论、新方法、新技术等。要求做到：

（1）选题要新颖。主要观点要有自己新的发现、独特的见解，做到既有探索又有创新。

（2）不重复。通过文献查新，同样的小论文没有参加过各级科学讨论会，也没有在各级报刊上发表过。

三、实践性

论文选题必须是我们在科学探索活动中发现的。支持主要观点的论据必须是通过观察、考察、实验等研究手段亲自获得的，有实践依据。

四、实用性

实用性即能将科学知识与技术方法较好地运用到实际生产和生活中去，能够创新性地解决实际问题。所得的结论和数据具有实用价值。能提出合理化建议和建设性意见。

第二节　科技小论文的分类

按照研究方法分类，科技小论文分为科学观察小论文、科学实验小论文、科学调查小论文和科技发明小论文。

一、科学观察小论文

科学观察是人们有目的、有计划地感知和描述客观事物的一种科学认识方法。它作为一种基本的认识活动，贯穿于整个科学研究过程中。

科学观察小论文是指我们对某事物或自然现象通过周密细致的观察，并对取得的材料和数据进行认真的分析、综合研究后得出结论，作出科学的解释和描述。

比如，廖郝同学的爸爸经常咳嗽，他通过长期、反复的观察，发现了风向与爸爸咳嗽有着十分密切的关系，并查出了“罪魁祸首”——一家橡胶厂的大烟囱里飘来很多烟气，里面含有二氧化硫，爸爸一闻到它，咽喉部就产生过敏反应，反射性地引起咳嗽。他的小论文《爸爸的咳嗽》主要是利用观察这一研究方法得出结论，属于科学观察小论文。廖郝同学的这篇小论文获得了第二届全国青少年科学讨论会三等奖。另一篇小论文是针对北京市紫竹院公园鸳鸯行为的观察与研究，这篇小论文荣获第 31 届全国创新大赛青少年科技创新项目小学组一等奖。

需要注意的是，科学观察小论文中研究的对象是客观存在的自然事物或现象，是在自然发现的条件下不加任何人为控制发生的，所以文中所描述的内容应是我们所观察的对象、过程和它产生的条件、各种现象，不能附加人为的任何条件或个人偏见。另外，观察是一项长期的、系统的、反复进行的活动，需要我们耐心、细致、锲而不舍的精神。

二、科学实验小论文

科学实验小论文，是我们对研究的对象创设特定的条件，经过反复实验，对获取的材料和数据进行分析、综合得出结论而写出的文章。它着眼于对实验过程的客观叙述和实验现象的科学解释。

比如，用身边的水果确定常见水果酸碱性的实验探究，荣获第 31 届全国青少年科技创新大赛青少年科技创新项目小学组一等奖。紫花鱼灯草粗提物对三种常见蔬菜害虫的杀灭性的探究，获得第 32 届全国青少年科技创新大赛青少年科技创新项目小学组一等奖。

三、科学调查小论文

通过调查、访问等方式为主要研究手段写出的小论文称为科学调查小论文。有时也称为科学调查报告。

比如，《重庆市部分小学生财商现状调查报告》荣获第 30 届全国青少年科技创新大赛青少年科技创新项目小学组一等奖。《重庆市主城区周边川剧生存现状调查》获得第 31 届全国青少年科技创新大赛青少年科技创新项目小学组一等奖。《关于快递包装卫生状况的调查》荣获第32届全国青少年科技创新大赛青少年科技创新项目小学组一等奖。

四、科技发明小论文

科技发明小论文主要指通过改进和革新所产生的具有新颖性、先进性和实用性的科技成果论文。要求阐述被发明的装备、系统、工具、材料、工艺、配方形式或方法的功效、性能、特点、原理及使用条件等。比如,《汽车方向盘转动指示器》获得第31届全国青少年科技创新大赛青少年科技创新项目小学组一等奖。《沙漠种子捡拾器》荣获第32届全国青少年科技创新大赛科技小发明技术设计小学组一等奖。

科学观察、科学实验、科学调查是发明创新的主要活动和手段,目的是追求新发现、探索新规律、创立新学说、创造新方法、积累新知识。新发现、新规律、新学说、新方法、新知识是增加发明创新作品技术含量的筹码。

第三节　科技小论文写作中常见的问题

科技小论文写作中常见的问题有选题不当、文不对题、结构不合理、格式不规范、摘要混乱等。

一、选题不当

(1) 没有新意。

(2) 题目太大,宽泛,不确切。

二、文不对题

文章的标题不能完整包涵正文的内容,甚至有所偏离。

三、论文结构不合理

头重脚轻，不符合逻辑。

四、论文格式不规范

论文格式的第一部分是扉页，第二部分是中、英（外）文内容摘要，第三部分是目录，第四部分是正文及参考文献，第五部分是打印要求。论文格式不合规范是同学们在科学观察小论文、科学实验小论文和科学调查小论文写作中常见的错误，同学们要注意学习、了解论文的格式。

五、摘要混乱

在摘要中包含了引言中的内容，或不能对全文做出简要、全面的概括。有的甚至没有逻辑性，因果倒置。

六、引言拖沓

用太多的篇幅介绍该研究方向的动态和进展，不能很快切入主题，分散读者注意力，使他们失去阅读下去的兴趣。

七、缺少参考文献

（1）正文书写完毕后，空两行（宋体小四号），再书写“参考文献”四个字（居中）；“参考文献”使用宋体四号加粗，前后两个字之间不空格。“参考文献”书写完毕后空一行（宋体小四号）再书写参考文献的具体内容。参考文献的序号左顶格书写，并用数字加方括号表示，如［1］，［2］，…，每一参考文献条目的最后均以“.”结束。

（2）参考文献需列出作者已直接阅读、在撰写论文过程中主要参考的文献资料。参考文献一律书写在论文正文结束后，不得放在各章（节）之后；参考文献与正文连续编排页码。参考文献不少于6篇。

（3）参考文献格式。

①专著：[序号] 作者. 专著名 [M]. 出版地：出版社，出版年.

②期刊中析出的文献：[序号] 作者. 题（篇）名 [J]. 刊名，出版年（期号）.

③论文集：[序号] 作者. 题（篇）名 [C]. 出版地：出版社，出版年.

④学位论文：[序号] 作者. 题（篇）名 [D]. 授学位地：授学位单位，授学位年.

⑤专利文献：[序号] 专利申请者. 专利题名 [P]. 专利国别：专利号，出版日期.

⑥报纸文章：[序号] 作者. 题（篇）名 [N]. 报纸名，出版日期.

⑦电子文档：[序号] 作者. 题（篇）名 [文献类型/载体类型]. 网址，发表日期.

关于参考文献的未尽事项可参见国家标准《文后参考文献著录规则》（GB/T7714-2015）。

（4）常用参考文献范例。

[1] 李松庆，王炜. 第三方物流的实证分析 [M]. 北京：中国物资出版社，2005.

[2] 李文. 中国“三农”问题 [EB/OL]. http://www.e521.com/ztjj/16.htm，2004-07-19.

[3] 祁之杰. 我国物流资源优化配置问题探讨 [J]. 管理现代化，2004（1）.

八、文字错误

科技论文中的错别字时有出现，较多见的如象、像，即、既，的、地，做、作不分；或者出现互联/互连，反映/反应，串联/串连等词汇的混用。

第四节　怎样撰写科技小论文

科技小论文是我们模仿科学家，对身边的某种事物所撰写的浅显性研究成果，科技小论文的格式与学术论文的格式基本相同，特点都是具有一定的创新性、科学性和实用性，不同的仅仅是程度不同。

撰写科技小论文，首先要考虑写什么，也就是课题的选择。选择课题是写好论文的关键。

一、选题原则

（1）价值原则——选题的理论价值和实用价值（生产、生活等）。

（2）新颖原则——课题应是他人未曾研究或研究过，但尚未解决或完全解决，研究的方法上有所创新。

（3）可行原则——主观条件和客观条件的可能性，即我们的专业知识、资料、实验条件、研究经费等，是经过努力可以达到的目标。选题时宜“小”，切忌“大”而“全”。

二、怎样提出问题

(1) 问题来自好奇。比如，树干为什么是圆的？黄山松为什么长成如此形态，等等。

(2) 问题来自遇到的异常现象与困惑。比如，河水中为什么水藻密布？街道、操场等地方大雨后为什么积水，等等。

(3) 问题来自日常生活。比如，墙壁为什么脱落？毛豆腐是如何制作的？有哪些生产上的问题，如何解决？等等。

(4) 问题来自社会热点。比如，古文物保护方面存在哪些问题？环境污染有哪些？等等。

三、课题如何表述

可以从关键词入手，找到自己的研究方向，如：

×××对×××的影响（研究）

×××在×××中的应用

×××的初步研究及应用

×××的探究（研究）

×××的实验研究

×××的调查研究（报告）

×××的分析与对策研究

第五节　怎样选好科技小论文的题目

好的科技小论文题目能够叫人拍案叫绝，一眼难忘。它好似推销产品的广告词，对吸引读者起着关键作用。

选好科技小论文的题目要做到准、小、新。

准，是指题目要用精练的文字将论文内容确切地揭示出来。比如，《肥皂的去污原理和最佳洗衣浓度》，一看题目，就可以知道论文所阐述的内容，让人一目了然。

小，是指题目的角度小。即具有较好的指向性，文章容易写得集中、紧凑。题目过宽则难以驾驭。比如，《静电除尘黑板擦的研究与制作》，题目小而且具体，我们可以作深刻的阐述。

新，是指力求在题目中透露出新鲜的立意。选题新，才有独特的见解；否则，即使表达得再好，论证再有力，也是前功尽弃。

第三章　动手能力

动手能力是指动手操作、亲身体验、亲自实践的能力。它不仅包含动手操作的意思，而且还包含实践能力、应用能力、表达能力和表演能力等。

提到培养动手能力，很多老师认为“做中学”，指导同学们学习 3D 打印、编程、创客、STEAM 教育等是最为有效的方法，然而这种认识并不全面。原因在于不了解中国和美国从幼儿园一直到小学四年级之前的教学差距。美国从幼儿园一直到小学四年级之前教的是思辨能力和科学方法训练，美国的孩子学习创客、STEAM 教育等教学内容，具有扎实的基本功。而我们从幼儿园一直到小学四年级之前教的是 1+1=2，2+1=3，1×1=1，1×2=2……是如何上街去买菜。基础不一样，接受创客、STEAM 教育等教学内容反映出来的效果也不一样。所以，我们主张同学们首先应该抓好解决问题的时间、创新方法、创新思维和创新品格训练，在此基础上再去学习 3D 打印、人工智能(编程)、创客教育、STEAM 教育；或者在学习 3D 打印、人工智能（编程)、创客教育、STEAM 教育的时候，同时加强解决问题的时间、创新方法、创新思维和创新品格训练，这样会事半功倍。

第一节　小制作

科技小制作的特点在于一个“小”字。“小”在哪里呢？一是结构简单。一般只需要制作几个零件，再组装起来就做好了。二是材料好找。很多材料在家里就可以找到，比如空纸盒、牙膏皮、泡沫塑料、罐头盒，等等。三是加工容易。多数项目工艺技术要求低，小学生即可以掌握。四是花钱少。有的项目甚至可以不花钱，不会增加家庭负担。五是见效快。不少项目只需一天或半天的工夫就可以做成，很符合同学们的心理，容易推广普及。

小制作的活动形式，一是可以开设科技课，使我们普遍受到科学教育，并辅导我们制作；二是可以建立兴趣小组，辅导我们制作；三是可以鼓励我们自己选题，独立完成小制作，必要时给予适当的辅导。

小制作的活动内容和辅导方法，一是可以依照图纸、说明，或印制好的材料进行制作；二是可以根据培养创新力、发展智力为中心开展小制作，主要以制作同学们喜爱的玩具为主。

例 1 自制火箭

火箭是由中国人发明的，中国是古代火箭的故乡。由中国古代科学家最早运用火药燃气反作用力原理创制的火箭，在当代科学精英的手中发展成为运载飞船升空的“大力神”，这是我们每个炎黄子孙都引以为自豪的辉煌成就。

火箭为什么能飞得那么快呢？原来，燃料产生的热量越多，喷射气体的速度就越快，产生的推力就越大。科学家计算过，一般火箭燃气的喷射速度约为每秒 2 千米左右，当燃料的重量是火箭净重的 1.72 倍时，火箭的最终速度等于气体的喷射速度。

怎样才能使火箭的最终速度达到气体喷射速度的 2 倍、3 倍呢？要使火箭的速度增大，就要相应地增加燃料。可是燃料一增加，火箭的体积、重量也就随之增加，而用同样的力推动轻重不同的物体，其速度是不一样的。怎么才能解决既增加燃料又不过多地增加火箭重量的矛盾呢？科学家们想出了一个绝妙的办法，就是把火箭做成一级一级的，每一级都有燃料，烧完一级就扔掉一级，这样火箭就越飞越轻，速度也越来越快。再加上离地球越来越远，地心引力和空气阻力都随之减小等其他因素，火箭便可以有超过其他任何交通工具的速度。

原来原理是这样，我们自己能做一个火箭吗？不行！因为，火箭的结构和构造都太复杂了。

别气馁，虽然现在还不能做真正的火箭，但是我们可以根据火箭的原理做一个模型。

1. 所需材料

吸管、水杯、透明胶、双面胶、矿泉水瓶、橡皮塞、泡腾片、水、剪刀、小刀。

2. 制作方法

(1) 把吸管的斜角部分剪掉，用胶带把它封好，不能漏气。

(2) 将矿泉水瓶用剪刀剪出三个相同的三角形，并用透明胶固定在吸管的底端做成火箭的尾翼。

(3) 用小刀将橡皮塞削成跟吸管的内径大小相同的塞子(能将吸管堵住不漏气，但又不能太紧)。

(4) 在吸管内装入适量的水，将泡腾片用双面胶黏在橡皮塞上，并插入吸管中。

(5) 把火箭直立放在杯子中，等待火箭发射。

温馨提示：一定不要把火箭对准人和物。

例 2 自制望远镜

意大利天文学家、物理学家伽利略于 1609 年发明了人类历史上第一台天文望远镜。伽利略将镜头首次对准了月球，这是人类首次对月面进行科学观测。伽利略望远镜（Galileo telescope）由一个凹透镜（目镜）和一个凸透镜（物镜）构成。其优点是结构简单，能直接成正像。

德国科学家开普勒（Johannes Kepler）于 1611 年发明了开

普勒式望远镜，物镜组也为凸透镜形式，但目镜组是凸透镜形式。这种望远镜成像是上下左右颠倒的。

原来望远镜就这么简单，我们也来做一个呗！

1. 所需材料

凸透镜、凹透镜、双面胶、白纸。

2. 制作方法

（1）一个凸透镜和一个凹透镜（或另一凸透镜）组成光路。

（2）分别将凸透镜安装在较大的纸筒内，凹透镜（或另一凸透镜）安装在较小的纸筒内，镜面与纸筒垂直。

（3）将大纸筒套在小纸筒上，凸透镜作为物镜（也就是相对靠近被观察物体），凹（或另一凸透镜）透镜作为目镜（也就是相对靠近眼睛）。

（4）前后移动纸筒的位置就可以了，你看见远处的物体了吗？

警示：不要通过望远镜直接观察太阳，以免高温灼伤眼睛！

第二节　人工智能（编程）

人工智能的定义可以分为两部分，即“人工”和“智能”。“人工”比较好理解，争议性也不大。有时我们会考虑什么是人力所能及制造的，或者人自身的智能程度有没有高到可以创造人工智能的地步等。但总的来说，“人工系统”就是通常意义下的人工系统。

关于什么是“智能”，问题就多了。这涉及其他诸如意识、自我、思维（包括无意识的思维）等问题。人唯一了解的智能是人本身的智能，这是普遍认同的观点。但是我们对自身智能的理解都非常有限，对构成人的智能的必要元素也了解有限，所以就很难定义什么是“人工”制造的“智能”了。因此人工智能的研究往往涉及对人的智能本身的研究。其他关于动物或其他人造系统的智能也普遍被认为是人工智能相关的研究课题课。

人工智能在计算机领域内得到了愈加广泛的重视，并在机器人、经济与政治决策、控制系统、仿真系统中均得到应用。

著名的美国斯坦福大学人工智能研究中心尼尔逊教授对人工智能下了这样一个定义：“人工智能是关于知识的学科——怎样表示知识以及怎样获得知识并使用知识的科学。”而美国麻省理工学院的温斯顿教授则认为：“人工智能就是研究如何使计算机去做过去只有人才能做的智能工作。”这些说法反映了人工智能学科的基本思想和基本内容。即人工智能是研究人类智能活动的规律，构造具有一定智能的人工系统，研究如何让计算机去完成以往需要人的智力才能胜任的工作，也就是研究如何应用计算机的软硬件来模拟人类某些智能行为的基本理论、方法和技术。

人工智能是计算机学科的一个分支，20 世纪 70 年代以来与世界空间技术、能源技术并称为三大尖端技术。或与 21 世纪基因工程、纳米科学并称为三大尖端技术。这是因为近 30 年来它获得了迅速的发展，在很多学科领域都获得了广泛应用，并取得了丰硕的成果，人工智能已逐步成为一个独立的分支，无论在理论和实践上都已自成一个系统。

人工智能是研究使计算机来模拟人的某些思维过程和智能行为（如学习、推理、思考、规划等）的学科，主要包括计算机实现智能的原理、制造类似于人脑智能的计算机，使计算机能实现更高层次的应用。人工智能涉及计算机科学、心理学、哲学和语言学等学科。可以说，几乎涉及自然科学和社会科学的所有学科，其范围已远远超出了计算机科学的范畴，人工智能与思维科学的关系是实践和理论的关系，人工智能是处于思维科学的技术应用层次，是它的一个应用分支。从思维观点上来看，人工智能不仅限于逻辑思维，而且还要考虑形象思维、灵感思维，才能促进人工智能的突破性的发展。数学常被认为是多种学科的基础科学，数学还进入语言领域和思维领域，人工智能学科也必须借用数学工具，数学不仅在标准逻辑、模糊数学等范围发挥作用，而且还进入人工智能学科，它们将互相促进而更快地发展。

少儿编程是通过编程游戏启蒙、可视化图形编程等课程，培养我们的计算思维和创新解难能力的课程。少儿编程并非像高等教育那样学习如何写代码、编制应用程序，简单地说，就是编写一种与计算机交流的程序代码。例如，我们在制作一个小动画的过程中，自己拆分任务、拖拽模块、控制进度，从而理解“并行”“事件处理”“目标实现”这样的概念。

少儿编程的核心理念是把计算机编程看成是我们成长所需的基础技能来培养。学习编程不是为了当程序员，它培养的是我们的综合能力，比如，逻辑思维能力——每一条程序都是严密的逻辑；观察力——编写程序的过程中必然会出现问题，需要自己不停尝试和仔细观察，从而发现问题并予以解决；主动思考的能力——如何让作品使用得更好，这些都需要我们自己去思考；实践能力——所有的工作都需要我们自己动手去做。这些能力对于我们来说是受益终身的。同时，编程课程还融合了数学、物理、英语、语文等多学科知识，我们在掌握编程技巧、提升逻辑思维能力的同时，也可以极大地拓宽知识面，激发好奇心。

人类思维方法的转变对人工智能的早日成熟起决定性作用。所以，我们建议把人工智能（编程）安排到创新教育课程体系中去进行教学，这样产生的效果也许会更好。

第三节　创客教育

"创客"一词来源于英文单词"hacker"，是指不以赢利为目标，努力把各种创意转变为现实的人。创客是一群喜欢或者享受创新的人，追求自身创意的实现，至于是否实现商业价值、对他人是否有帮助等，都不是他们的主要目的。而创客空间就是为这些创客们提供实现创意和交流创意思路，以及其产品的线下和线上相结合、创新和交友相结合的社区平台。

创客教育是将创客文化和教育结合，基于我们的兴趣，以项目学习的方式、使用数字化的工具、倡导造物、鼓励分享，培养跨学科解决问题能力、团队协作能力和创新力的一种素质教育。

创客教育的关键点，是把创客空间整合到现有的教育项目中。创客空间是创客们制作、交流、共享知识和资源，以及项目协作的场所。对于学校来说，创客空间还不仅如此，它还是课程实施的环境。创客教育鼓励我们创建物品、发明工艺、分享创意点子。创客课程主要有以下一些要素：动手做是最重要的，开放和分享，大胆尝试，迭代设计，注重美学，打破年龄歧视，强烈的个性化学习，技术是基本要素，我们自己掌控学习等。

创客教育的核心功能定位是在“学—思—动—用—创”的结合中实现我们的全面发展；在教育理念更新和教育方式优化中实现教育改革创新；在文化传播和科技进步中实现经济和社会可持续发展。

从创新教育的角度讲，创客教育的教学内容小于创新教育，因此可以把创客教育的教学内容安排到创新教育的课程体系中去开展教学，这样也许会取得事半功倍的效果。

第四节　STEM 教育

STEM 是由科学（Science）、技术（Technology）、工程（Engineering）、数学（Mathematics）这四个英语词汇的开头字母组合而成，所以 STEM 就是结合科学、技术、工程、数学的跨领域综合素质教育，是许多国家都比较认可的跨学科教育模式。

大家还会听到 STEAM 教育，就是在后面加上艺术（Arts），又多跨了一个知识领域，STEM 和 STEAM 也常会被一起提及。

STEAM 这个概念源于美国，是美国科学教育学者最早于 20 世纪 50 年代提出的科学素养概念，并得到其他国家科学教育学者的普遍认同。提高国民科学素养被公认为是提升国家综合实力的关键。

2007 年，美国国会提出“针对 STEM 教育的活动计划”，

STEM 教育被提升为国家级的教育改革举措，对全球各国产生了更大的影响。我国教育部于 2017 年 1 月颁布了新《小学科学课程标准》，被认为是“首次定义了中国版的 STEM”。“新课标”对 STEM 的解释为科学、技术、工程和数学，即 STEM 是一种以项目学习、问题解决为导向的课程组织方式，它将科学、技术、工程、数学有机地融为一体，有利于培养我们的创新力。

“新课标”对 STEM 的概念强调跨学科、项目制学习和解决问题这三个特点，相比于其他国家和以往的说法，“新课标”更强调培养创新力。

虽然 STEM 教育在我国尝试了一段时间，但不同机构与单位对 STEM 的解释各有不同。2017 年的新《小学科学课程标准》则提出了非常详细且具体的实施建议，其中分别从教学、评价、教材编写和课程资源开发与利用四个方面提出小学科学课程的实施指导方法。

确切地说，STEM 教育是一种分析解决问题的路径，最适宜结合创新思维进行学习。

培养动手能力的方法，一是从培养动手的兴趣开始；二是多创造动手参与的条件；三是要探索研究体验知识形成的过程；四是要走出课堂，走进生活。培养动手能力的好处，一是具有诱发动机的作用；二是具有促进成果转化的作用；三是具有理论检验的作用；四是有利于把握机遇。

第四单元

养创新品格

“人不为己，天诛地灭”是一则汉语成语。“为”念作wéi，是“修为”的“为”，读第二声；而不是“为了”的“为”，不读第四声。这句话的真正意思是：如果做人不修为自己，那么就会为天地所不容。修为，就是修炼。而绝大多数人却把这句话曲解成了：“人活着如果不为自己着想，就会被天地所不容。”

创新品格是创新能力的统帅，创新能力是创新品格的凭借。只有好的创新品格才能更好地引导同学们，使同学们的创新能力沿着正确的道路向前发展。而一个创新品格低下的人，他的创新能力只会把他引导到错误的道路上去。一个创新品格高尚的人，只有以自己的创新能力为凭借，才能在人与人的关系中做出自己的贡献。

创新教育的任务是培养同学们的创新素质，从这个角度讲，修养创新品格是排在培养创新素质要素的第一位的。

第一章　创新品格是创新力的统帅

在同学们的成长期，一味强调成绩并不可取，决定同学们一生的不仅有学习成绩，而且还有乐观的心态，宽容的精神，以及自我保护的智慧，等等。学习成绩固然重要，但是健全的人格直接影响我们的一生！

性格、人格、品格在心理学上是通用的，是指一个人比较稳定的对现实的态度和习惯化了的行为方式所表现出来的个性心理特征的总和。表述为人格时，偏重于个性特征的评判，表述为品格时，偏重于道德标准的评判。所以，“创新品格”也可以称为“创新人格”。

创新品格是指在创新活动中所表现出来的较强的意志、情感、自信心、目标兴趣等性格特征。

第一节　品格决定成就

品格是个体在认识世界、认识自身的过程中不断与外部环境相互作用而逐渐形成的比较稳定的多种特质的总和。我国传统文化以儒家文化为主，儒家文化的主线强调品格修养与完善。根据儒家文化的主线，创新品格在我国的基础教育中，一方面，要追求创造新事物，使自身以外的一切都有所成就；另一方面，要使自身有所成就。

宋朝的书法家有“苏黄米蔡”四大家之称，即苏轼、黄庭坚、米芾，而其中的“蔡”，流传最广的说法是指蔡京。后人多评价蔡京的笔法“姿媚、豪健，笔画结构天然呼应，布局精巧，气韵生动，直溯‘二王’”。蔡京的书法，就连同为“四大家”的米芾也是甘拜下风。

有一次，蔡京与米芾聊天，蔡京问米芾：“当今书法什么人最好？”米芾回答说：“从唐朝晚期的柳公权之后，书法最好的人当属你和你的弟弟蔡卞了。”蔡京问：“其次呢？”米芾说：“当然是我。”由此蔡京的书法技艺可见一斑。

但在官场上，蔡京阴险狡诈，心狠手辣，惑乱人主，结党营私，北宋王朝虽然没有直接断送在他的手上，但蔡京却是北宋灭亡的千古罪人。因蔡京人品低劣，所以后人将蔡京从北宋书法“四大家”中除名，而替换成了德高艺彰的蔡襄。人品不好的人即使侥幸成功也无法得到世人的尊敬与爱戴。发明创新也一样，如果一个人的创新品格不好，即使侥幸成功也无法令众人心悦诚服。

一、小不忍则乱大谋

美国社会心理学家费斯汀格有一个很著名的判断，被称为“费斯汀格法则”：生活中的10%由发生在自己身上的事情组成，而另外的90%则由自己对所发生的事情如何反应所决定。简单地说，就是生活中有10%的事情是我们无法掌控的，而另外90%都是我们能够掌控的。

中小学教育阶段正是我们塑造创新品格的“黄金期”。在学校中学会管理情绪、避免口角纷争、避免拼爹炫富、避免校园欺凌、培养抗压能力、学会独立、树立正确的金钱观，等等，都是我们要修养的创新品格的基本内容之一。

例 1 管理情绪才有好运气

“踢猫效应”的原版故事是：一位父亲在公司受到了老板的批评，回到家就把沙发上跳来跳去的儿子臭骂了一顿。儿子心里窝火，狠狠去踹身边打滚的猫。猫逃到街上，正好一辆卡车开过来，司机赶紧避让，却把路边的孩子撞伤了。

踢猫效应是指对弱于自己或者等级低于自己的对象发泄不满情绪，而产生的连锁反应。踢猫效应描绘的是一种典型的坏情绪的传染。人的不满情绪和糟糕心情，一般会沿着等级和强弱组成的社会关系链条依次传递。由金字塔尖一直扩散到最底层，无处发泄的最弱小的那一个元素，则成为最终的受害者。

人遇到不顺心的事的时候，如果不能管理好情绪，就会引发一系列恶性事件，最终引发“祸不单行”的惨案。心情不好，是管理不好情绪的重要标志。

管理情绪是我们培养创新品格的重要体现，会管理情绪的人，不是不能生气，而是说他可以难过、忧伤、发脾气、哭泣，因为一个人只有体验了情绪，才能真正认识情绪，然后学会控制和发泄情绪。但是，释放情绪不能伤害他人！

控制情绪的最佳方法是读这九句话：

（1）你成不了心态的主人，必然会沦为情绪的奴隶。

（2）发脾气是本能，控制脾气是本领。

（3）当你能控制自己的情绪时，你就是优雅的；当你能控制自己的心态时，你就是成功的。

（4）问题带来情绪，情绪不解决问题。

（5）情绪，是智慧不够的产物。

（6）两个人的沟通 70% 是情绪，30% 是内容，如果沟通情绪不对，那内容就会被扭曲了，所以沟通内容之前，情绪层面一定要梳理好，不然误会只会越来越深。

(7) 如果连自己的情绪都控制不了，即便给你整个世界，你也早晚会毁掉一切。

(8) 不要把不良的情绪挂在脸上，因为那是一种令人讨厌的表情。

(9) 我们最大的错误就是把最差的脾气和最差的一面都给了最亲近的人。

假如我们正是处于发明创新，为国家、社会做贡献的好年华，却因为释放情绪而失去生命，或因伤害他人而身陷囹圄，使自己的发明创新戛然而止，值不值得？显然不值得！

例 2 避免恶语伤人

有一位大名鼎鼎的影视巨星青年时因贫困辍学，不得已去一家酒店做服务生。有一天，他给某富商清洗一辆超豪华的劳斯莱斯轿车，因他打开车门摸了一下那晶亮的方向盘，便遭到酒店领班的恶语训斥："干什么？你这种人下辈子也休想坐上劳斯莱斯！"就是领班这句轻蔑的训斥，深深地刺伤了这位青年的心，他暗暗发誓：这辈子我一定要拥有一辆自己的劳斯莱斯。从此以后，经过若干年的奋斗，他成了香港影视界的头号明星，竟一口气买下五辆轿车，其中有一辆就是劳斯莱斯轿车。他驾车来到当年的那家酒店，那个领班见此羞愧难当。

有一个囚犯，在服劳役修路时，捡到 1000 元钱，他立即把钱交给监管警察。意想不到的是，对方却满脸鄙夷地对他说："拿自己的钱变戏法来讨好，企图找资本减刑，你别来这一套！"囚犯心灰意冷，心想，在这个世界上没人会相信自己了。晚上，他越狱了。在逃跑途中，他大肆抢劫，并登上开往边境的列车。列车上太挤，他只得站在厕所门口。这时，一位十分漂亮的姑娘去上厕所，关门时发现门扣坏了，她很有礼貌地对他说："先生，你能为我把门吗？"他一愣，看到姑娘那纯洁无邪的脸，便点了点头。他像一位忠诚的卫士守护着门。就因为姑娘的这句话，他突然改变了主意。在下一站，他下车到派出所去投案自首了。

"良言一句三春暖，恶语伤人六月寒。"避免恶语伤人，也是我们要修养的创新品格的基本内容之一。假如我们在遇到纠纷的时候，因为恶语伤人而影响到自己的发明创新，值不值得？所以，我们一定要修养自身，要尽量善放良言，避免口角纠纷，决不能因为恶语伤人而影响自己的发明创新。

例 3 避免拼爹炫富

现在不是寒门难出贵子，而是穷家富养出了太多的"败家子"。同学们还记得"我爸是李刚"的故事吧？2010 年 10 月 16 日晚，一辆黑色大众迈腾轿车在河北大学校区内撞倒两名女生，造成一死一伤，司机不但没有停车，反而继续去校内宿舍楼送女友。返回途中，汽车被学生和保安拦下，肇事者不但没有关心伤者，反而态度冷漠嚣张，高喊："有本事你们告去，我爸是李刚！"

避免拼爹炫富也是我们要修养的创新品格的基本内容之一。像上面的肇事那样拼爹炫富的行为，在现在的中小学生中并不少见，这样做不仅会伤害自己，也会连累父母。不拼爹，不炫富，低调做人是对我们最起码的要求。假如我们因为拼爹炫富而影响自己的发明创新，值不值得？所以，当我们遇事冲动的时候，一定要修养自身，决不能因为拼爹炫富而影响自己的发明创新，一定要低调做人。

例 4 避免校园欺凌

2016 年 1 月 11 日晚上，两段长达 3 分钟的视频在微信朋友圈里疯传。在视频中，一名女生在宿舍角落里遭到数名女生持续捏脸、打耳光、扯头发，甚至是砸椅子。施暴及围观女生竟然哄笑奚落，并且满口脏话，一名围观者还进行了拍摄。

2016 年 1 月 16 日，一段少女遭多人殴打、脚踹、扒衣的视频被传到网上，打人者讲的是海南临高方言。记者于 1 月 16 日从海南省临高县公安局得到证实，视频里的暴力事件发生在该县东英镇的乡间小道上，受害人已报案。

像这样的校园欺凌现象，在中小学生中也是时有发生。同学之间要互相尊重、互相爱护，不能施以校园欺凌，这也是我们要修养的创新品格的基本内容之一。假如我们因为校园欺凌而影响自己发明创新，值不值得？当我们遇到校园欺凌事件的时候，一定要修养自身，决不能因为校园欺凌而影响自己的发明创新。所以，我们要尽量避免校园欺凌现象的发生，专心读书和学习发明创新。

例 5 培养抗压能力

有一个叫小凌的 6 岁小男孩，因为要转学了，幼儿园专门为他举办了毕业典礼。在典礼上，他挑战了一项以前自己从未成功的项目——10 段跳箱。他一次次起跑，一次次弹跳，却一次次失败。虽然每次失败后，他都毫不犹豫地回头重新再来，却总是差了那么一点。看着因为失败而沮丧到哭的小凌，老师提议说：“大家一起把力量借给小凌吧。”孩子们飞奔到一起，肩并肩围成了一个圈，大声喊：“你能行！你能行！你能行！”接下来，不可思议的事情发生了。小凌好像小宇宙爆发般地冲了出去，一跃而起，跳过了箱子。台下欢呼声和哭泣声响成一片。

怕苦怕累，也是在我们中小学生中普遍存在的现象。

小凌不怕苦不怕累，坚持到最后，他挑战成功了。他的这份坚持，其实就是面对挫折的抗压能力，也叫“逆商”。

像这样的案例还有很多。巴顿将军说：“衡量一个人的成功标志，不是看他登到顶峰的高度，而是看他跌到低谷的反弹力。”面对挫折，抗压能力强的同学是坚毅的、强韧的，他们从不轻言放弃，能正视挫折，并从挫折中找到新的突破口和机会。

不怕苦不怕累，培养抗压能力，也是我们要修养的创新品格的基本内容之一。当我们遇到困难和挫折的时候，决不能打退堂鼓，决不能逃避，这是对我们最起码的创新品格要求。困难和挫折往往坚持一下就过去了。所以，当我们在发明创新中遇到困难和挫折时，一定要坚持，要努力培养自己的抗压能力。

例 6 学会独立

上海一名 48 岁的海归硕士，6 年前毕业回国，居然不出去工作，而是天天宅在家里，白天睡觉，晚上打游戏，靠他 82 岁而且患有尿毒症的母亲养活。

杨绛先生的父亲曾经说过：“教育孩子独立，胜过当第一。”鸽子在抚养孩子的时候，当小鸽子可以飞了，老鸽子就会赶它们走，不再喂它。这时，一对老鸽子就会“联合”起来“欺负”小鸽子。他们使劲啄它，还用翅膀扇打它，一直将它往鸽笼外面赶。因为鸽子妈妈明白，只有把小鸽子“逼”出去，它才有机会飞翔。

这跟父母抚养我们的道理是一样的。父母只有大胆放手，给我们独立的机会，舍得用我们，我们才能成长。学会独立，也是我们要修养的创新品格的基本内容之一。所以，我们要应尽量替父母着想，多为父母做些力所能及的事，要逐渐从他们的生命中独立出来，学会自立。

例 7 树立正确的“金钱观”

金钱教育，本质上是教我们如何正确对待“获得”和“拥有”。罗伯特在《富爸爸穷爸爸》一书中，总结了没有金钱意识的孩子长大后会碰到的四个问题：一是没有节制消费意识；二是没有需求排序意识；三是没有投资意识；四是没有危险意识。

2018 年 7 月 31 日，某大学的一名去英国爱丁堡大学参加暑期学校交换的女生，到当地一家名叫“星光便利”的华人超市里盗窃东西。

该女生当天同一名男同学到该超市购物，在他们询问店员“有什么很方便煮、很方便吃的东西”后，店员推荐了糯米鸡，并从冰柜里找出来递给了她。但在结账时，该女生仅仅付了两包泡面的钱。店员询问女生是否还有糯米鸡的钱未支付，该女生回答已将糯米鸡放回了冰柜。但监控视频显示，该女生在拿到糯米鸡之后“顺势”将其装进了包内，而在一旁的男同学借与店员交谈帮助该女生“打掩护”，俩人配合转移店员的注意力，完成偷窃。大部分网友对这件事的反应是：“丢人丢到国外去了。”

美国摩根财团的创始人老摩根，对子女的要求非常严格，规定孩子每月的零花钱必须通过干家务活来获得，于是每个孩子都抢着干活。老摩根当然不是吝啬，他是要让孩子通过劳动明白，天上不会掉馅饼，每一分钱都来之不易。而知名富商洛克菲勒家族的家训是：“把你所有的钱当作辛苦钱。”我们只有先学会珍惜金钱，才会懂得正确花钱，买合适的、值得的，而不是胡乱挥霍。

儿童心理学家指出，孩子在童年时期建立金钱观念，将受益一辈子。“只有先付出才会有回报，靠努力和劳动所得，不论贫富，都应尊重和珍惜。”一个有着正确金钱观的孩子，长大之后才能禁得住各种诱惑，不会被金钱蒙住心智，能挣钱会花钱，才懂得“君子爱财，取之有道”的道理。

树立正确的金钱观念，也是我们要修养的创新品格的基本内容之一。发明创新，需要购买原材料，需要购进卖出。所以，我们从小就要树立“只有先付出才会有回报”“君子爱财，取之有道”的正确的金钱观，以避免为了追求创造新事物，不顾科学规律、法律法规，弄虚作假而身陷囹圄。

二、遵守道德和规则

道德是人类社会生活中所特有的，由经济关系决定，以善恶为评价标准，依靠人们的内心信念、社会舆论和传统习惯所维系的一类社会现象。在利益面前，道德是替代不了规则的，尤其是在资源匮乏时期或利益巨大的时候，任何道德的呼唤都会显得苍白无力，对于人性的考验往往是悲剧的结局。而简单粗糙的监察制衡机制也只会导致效率的低下而丧失机遇。最好的或是唯一的上策就是不断完善制度建设，让好的制度去制约人性的弱点。

公正的规则，能引导和鼓励我们行善；不公正的规则，会放大人性的恶。好制度能让坏人不敢作恶，而坏制度能让圣人冠冕堂皇地作恶。作为学生，我们不仅要讲道德，更要遵守规则。

例 1 和尚分粥

在一个庙里有若干个和尚，每顿饭大家都是同吃一锅粥，由于当时没有什么有效的计量工具，粥总是分不匀。于是他们商量制定一个公平的制度，来解决这个棘手的问题。

刚开始，他们选举出一位公认的德高望重的和尚。他们认为只有最有道德的人才会最公平，但很快他们就发现，由于僧多粥少，那位负责分粥的和尚碗里的粥总是又多又稠，换了几个人，最后都是这样。于是他们总结教训：权力会导致腐败，人在掌握权力的时候很难控制私欲，个别人掌握了绝对的权力之后一定会导致不公平现象的出现。

于是他们换了一种方法，即让所有人轮流分粥。这看似是一个最公平的办法，却导致每个人只有在自己分粥的那天能吃饱，其他的日子里都是饥肠辘辘。这是由于大家都觉得，有权不用，过期作废，所以都会抓住难得的机会捞一把，一个比一个变本加厉地把到手的权力发挥到极致。

道德和轮流执政并没有让公平降临，最后还是回归当初轮流分粥的方式，只是完善了一步，就是分粥的人要让所有人先拿，自己吃最后剩下的那碗粥。终于，奇迹出现了，每餐的粥都分得非常公平，因为假如分不公平，自己就得挨饿。

例 2 大家都遵守规则就好了

在个别城市的公交车站，等公交车太挤了，15 分钟一班的公交车，车来了，大家都挤着上车，老人不愿意与年轻人挤，年轻人“哄”地一声就上去了。车门关了，车开走，老人只得等下一班。15 分钟后车来了，刚才的一幕又重演。再等 15 分钟后的下一班车吧。

“那天，我等了整整一个小时。”一位老人说。

上车后也没有什么座位了，有的年轻人主动给老人让座，有的无动于衷，有的视而不见，有的眯着眼睡觉。有的人看不惯了，对年轻人说：“你们要尊老爱幼，给老人让个座吧。”有的年轻人闻声而让，有的年轻人则叽叽咕咕：“应该是老人为我们让座，他们也要尊老爱幼呀。”

后来，这位老人摇摇头无奈地说：“不能完全怪年轻人，是学校和家庭没有教育好。”年轻人有“病”，学校和家长该“吃药”；员工有“病”，领导该“吃药”；孩子有“病”，家长该“吃药”。

这位老人说得有一定道理，对年轻人也很宽容。这种现象肯定是极少数，我们的主流年轻人是好的，让座的是多数，这位老人说的只是个案而已。

但是，这种现象的解决，在教育的基础上，再加上规则就更好了。比如，在候车的地方焊接一个栏杆，或者牵一条绳子，让候车的老人和年轻人都“先来后到”，排队上车。如果还有人挤着上，戴红袖章、黄袖章的人就来维持秩序，让大家养成排队上车的习惯。上车后，在前三排挂一张警示牌，上写“前三排座位留给需要关爱的人”，年轻人看了牌子，主动留出位子来给老人坐。久而久之，大家都遵守规则，就好了。

一位先生曾经说过："一个肮脏的国家，如果人人讲规则而不是谈道德，最终会变成一个有人味儿的正常国家，道德自然会逐渐回归；一个干净的国家，如果人人都不讲规则却大谈道德，大谈高尚，那么这个国家最终会堕落成一个伪君子遍布的肮脏国家。"做人连规则都不遵守，还讲什么道德？所以，在修养创新品格中，我们既要讲道德，更要遵守规则。

三、科学家失误的案例

创新教育最重要的任务是培养一个有健全品格、身心健康的人。如果一个人不"修身修心"，不能做到"文化自觉"，那么学习再多的创新思维和创新方法都没有用。即使掌握了创新思维和创新方法，也会与发明创新成果失之交臂，体会不到发明创新带来的真正快乐和成就感！

例 1 维勒错失良机

1830 年，德国化学家维勒在研究墨西哥出产的一种褐色矿石时，发现了一些五彩斑斓的金属化合物，它的一些特征和以前发现的化学元素"铬"非常相似。对于铬，维勒见得多了，所以当时就没有在意。1831 年，瑞典化学家塞夫斯特姆在本国的矿石中也发现了特征类似"铬"的金属化合物。他并不是像维勒那样把它扔到一边去，而是经过无数次实验，证实这是前人从来没有发现的新元素——"钒"。由于维勒在创新人格上存在瑕疵，一时疏忽，便错失了良机，把钒的发现拱手让给了瑞典化学家塞夫斯特姆。

维勒的老师柏采利乌斯曾给他写过这样一封信："在北方一所秘密的房子里，住着一位绝顶美丽的女神，她的名字叫凡娜迪斯。有一天，一位小伙子来敲她的房门，试图向她求爱。但是，这位女神听到敲门声以后，仍旧舒服地坐着，她心里想：让来的那个青年再敲一会吧。但是，敲门声响了一次就停止了，敲门人没有坚持敲下去，而是转身走下台阶离开了。这个人对于他是否被女神请进去显得满不在乎。‘他究竟是谁呢？’女神觉得很好奇，她匆忙地走到窗口，想去瞧瞧那位掉头离去的小伙子，‘啊！’女神惊奇地自言自语道：‘原来是维勒！好吧！让他白跑一趟是应该的，如果他不那么淡漠，我会请他进来的，你看他那股劲，走过我窗子的时候，竟没有向我的窗口探一下头……’过了一段时间，又有人来敲门了。这次来敲门的人和维勒大不相同。他一直敲个不停。最后，女神只好开门迎客。进来的是英俊的小伙子塞夫斯特姆，他和女神相爱了。他们结合以后，生下了新元素‘钒’。”

读罢老师的信，维勒只有摇头叹息。假如是你因为粗心大意而失去了发现化学元素钒的机会，你说后不后悔，划算不划算呢？

例 2 费马忘记证明“大定理”

1621 年，大数学家费马（Fermat）突然萌发灵感，提出了一个简单而新奇的数学定理：

当整数 $n>2$ 时，方程式：

“$X^n+Y^n=Z^n$”没有正整数解。

也就是说，没有一组正整数 X、Y、Z 能满足上面的方程式。

费马在一本书的页边上写下了这个定理，并且自豪地说：“我得到了这个断语的惊人的证明，但这页边太窄，不容我把证明写出来。”

后来，费马把这件事放下了。但自那以后，费马自己也没有重新想起这一难得的灵感，结果害得 300 多年来许多人为它绞尽脑汁。直到1995年，费马逝世300多年后，英国数学家怀尔斯才证明了“费马大定理”。

假如费马不磨蹭，不放下这件事，把他的证明写出来，把它写完，“费马大定理”还需要300多年后才能证明吗？假如是你，作为一名发明创新的爱好者，因为自己的磨蹭和拖拉而失去了一次证明“大定理”的机会，你说冤不冤，划算不划算呢？

例 3 富尔顿和徐道觉的失败[1]

当年科学家富尔顿选择了固体氦热传导度的研究课题。他设计了科学的测量方法和合理的实验装置，并且让助手一丝不苟地按照实验步骤操作。不久，助手将实验报告交到了他手上。他对记录得井井有条的实验报告表示赞赏。但当他看到实验报告的最终结果时，不禁叫了起来：“不可能，这绝不可能！”原来，实验所测得的数值是人们一直认定的数值的500倍。重复实验的结果依然如此，富尔顿仍然不相信这是事实。在他看来，测得的数据与同行专家测得的数据相差太大，一定是自己的实验方法或实验装置出了什么毛病。于是，富尔顿决定不将那个实验报告公开发表。然而，天下的事情竟有那么凑巧！就在富尔顿研究固体氦的热传导度问题时，美国有一位年轻的科学家对固体氦热传导度问题也产生了兴趣。他在对固体氦热传导度的测量中，也获得了与富尔顿一样的测量结果，即是已有理论所认定数值的500倍。这位年轻的美国科学家相信奇迹已经发生，他欣喜若狂地将自己的实验结果公之于世，新的发现立即引起物理界的注目。这位年轻的美国科学家也因此发明出一种新的热传导度测量法。富尔顿得知此事后，追悔莫及，他懊恼

---

[1] 肖云龙. 创造学［M］. 长沙：湖南大学出版社，2004.

自己不该缺乏自信，否则，“固体氦热传导度是已有理论所认定数值的500倍”这个新发现的荣誉就是自己的了。

20世纪50年代，美籍华裔生物学家徐道觉，将低渗溶液倒进胚胎组织，在显微镜下无意中发现，染色体溢出时铺展情况良好，染色体的数目清晰可见。可是他盲目地相信美国著名遗传学家潘特20世纪20年代初在其著作中提出的“大猩猩、黑猩猩的染色体都是48个，由此可以推断，人类的染色体也是48个”的理论，没有去细数人类染色体不是48个而是46个，错失了一次本该属于他的重大发现。

假如是你，你不觉得后悔吗？不觉得不划算吗？

例4　小泽征尔凭自信获得世界冠军

小泽征尔是世界著名的交响乐指挥家。在一次世界优秀指挥家大赛的决赛中，他按照评委会给的乐谱指挥演奏，敏锐地发现了不和谐的声音。起初，他以为是乐队演奏出了错误，就停下来重新演奏，但还是不对。他觉得还是乐谱出现了问题。然而，这时在场的作曲家和评委会的权威人士却都坚持说乐谱绝对没有问题，是他错了。面对一大批音乐大师和权威人士，他思考再三，最后斩钉截铁地大声说：“不！一定是乐谱错了！”话音刚落，评委席上的评委们都立即站起来，报以热烈的掌声，祝贺他大赛夺魁。

原来，这是评委们精心设计的“圈套”，以此来检验指挥家在发现乐谱错误并遭到权威人士“否定”的情况下，能否坚持自己的正确主张。前两位参加决赛的指挥家虽然也发现了错误，但终因随声附和权威们的意见而被淘汰。小泽征尔因为占据了创新品格上自信的优势，最终摘取了世界优秀指挥家大赛的桂冠。

诸如此类，不胜枚举。这就是我们为什么要修养创新品格的原因。

第二节　优秀创新品格的主要内容

创新存在于我们的生活中，在创新这个问题上，应该说人人都有同感，伟人如爱因斯坦发现相对论和我们搞一个小发明，在创新性行为上两者相差无几。但是，就创新能力的大小、意义的深浅、持续时间的长短、产生的快慢来说，人与人之间的差别不可同日而语。在瓦特发明蒸汽机，爱迪生发明电灯、留声机等影响人类生活的新工具，乔布斯联合创办美国苹果公司这些伟人及其伟大的发明创新面前，我们都自觉渺小。为什么伟人能够取得如此大的成就？关键在于他们有着广泛的兴趣与远大的目标、坚强的信念与充足的自信、超常的自制力与顽强的意志、敢冒风险的精神等优秀的创新品格。

一、广泛的兴趣与远大的目标

1. 广泛的兴趣

兴趣是指一个人力求认识某种事物或从事某种活动的倾向。比如，一些体育迷，他们一谈起体育便会津津乐道，眉飞色舞，一遇到体育比赛便想一睹为快，对电视中的体育节目特别迷恋，这就是对体育有兴趣。创新兴趣是指能够启动、调整心理活动各种要素，全力驱动和指向创新目标，使之产生兴奋、愉悦、紧张的创新活动的心理状态。

例 1 沈元老师讲的数学故事引发了陈景润的兴趣

陈景润在福州英华中学读书时，有幸聆听了清华大学航空工程系主任、留英博士沈元教授讲课。他给同学们讲了一道世界数学难题："大约在 200 年前，一位名叫哥德巴赫的德国数学家提出了'任何一个偶数均可表示为两个素数之和'，简称 1+1。他一生没有证明出来，便给俄国圣彼得堡的数学家欧拉写信，请他帮助证明这道难题。欧拉接到信后，就着手计算。他费尽了脑筋，直到离开人世，也没有证明出来。之后，哥德巴赫带着一生的遗憾也离开了人世，留下了这道数学难题。200 多年来，这个哥德巴赫猜想之谜吸引了众多的数学家，但始终没有结果，成为世界数学界一大悬案"。老师讲到这里还做了个形象的比喻，自然科学的皇后是数学，数学的皇冠是数论，"哥德巴赫猜想"则是皇冠上的明珠。这则引人入胜的故事给陈景润留下了深刻的印象，"哥德巴赫猜想"像磁石一般吸引着陈景润。

从此，陈景润对这个奇妙的问题产生了浓厚的兴趣。课余时间，他最爱到图书馆去读书，他不仅阅读了中学辅导书，连那些大学的数理化教材他也如饥似渴地阅读，陈景润因此获得了"书呆子"的雅号。

兴趣是最好的老师。正是沈元老师讲的这个数学故事，引发了陈景润的兴趣，激发了他的勤奋，世界上才产生了一位伟大的数学家。

例 2 麦克劳德的成功源于一次受罚

诺贝尔奖获得者、英国著名解剖学家麦克劳德的成功就源于他对小学时一次受罚的终生记忆。他小时候十分顽皮，有一次为了看看狗内脏的样子，将校长心爱的宠物狗解剖了。但校长却以虚怀若谷的精神惩罚他画一幅狗的骨骼图和血液循环图。麦克劳德这才体会到自己知识的匮乏，从此他勤奋学习，才有了后来的成功。在这件事情中，校长洞察了麦克劳德的兴趣爱好，妥善引导，让他的闪光点朝着自己的兴趣爱好良性发展。

例 3 最感兴趣的事物隐藏着人生的秘密

2001 年 5 月，美国内华达州的麦迪逊中学在入学考试时出了这么一个题目：比尔·盖茨的办公桌上有五个带锁的抽屉，分别贴着财富、兴趣、幸福、荣誉、成功五个标签。然而，盖茨却总是只带一把钥匙，而把其他的四把锁在抽屉里。请问盖茨带的是哪一把钥匙？其他的四把锁在哪一个或哪几个抽屉里？

有位同学看到这个题目后，一下慌了手脚，因为他不清楚这到底是一道语文题还是一道数学题。考试结束，别人告诉他那是一道智能测试题，内容不在书本上，也没有标准答案，每个人都可以根据自己的理解自由回答，但是老师有权根据他的观点给一个分数。

出乎意料的是，一位没有答题的同学在这道 9 分的题上竟然得了 5 分。老师认为：虽然他没答一个字，但至少说明他是诚实的，凭这一点应该给一半以上的分数。让他感到不能理解的是，他的同桌回答了这个题目，却仅得了 1 分。同桌的答案是，盖茨带的是财富抽屉上的钥匙，其他的钥匙都锁在这个抽屉里。

同学们到底给出了多少种答案，不得而知。但是，据说有一位聪明的同学登上了美国麦迪逊中学的网页，他在该网页上发现了比尔·盖茨给该校的回函。函件上写着这么一句话：在你最感兴趣的事物上，隐藏着你人生的秘密。

能够自由地去做自己感兴趣的事，这是人生最大的财富。

兴趣对一个人创新成功有着非常大的影响。

2. 远大的目标

目标是一个人在众多的社会需要中选择出来，并设法去满足的那种社会需要，它是一个人行动的方向。

例 1　爱迪生研究白炽灯的目标

1878年9月初，爱迪生访问华莱士。当他看到华莱士把“远距离发电机”连接起来，并且点亮了一盏弧光灯时，他变得非常兴奋。通过相应研究，他对发明白炽灯充满了信心，认为可以把电灯系统遍布各家各户。从此，他就以发明这样的电灯为目标，开始了自己的发明和实验。爱迪生的研究目标可以从他的《电与煤气争夺通用照明地位》看到：“目标：爱迪生要用电力照明取代煤气照明，不仅要使电力照明具有煤气照明的一切优点，而且要使照明设备能够满足人们的各种要求。”

这个目标带来的思路是全新的，主要是因为爱迪生决定先把电流分路，再引入住户中去点灯。这在当时的电学家们看来是不可能的。但是对爱迪生来讲，也正是有了这样的目标和信心，才有后面那上千次的尝试和努力，最终才有了千家万户的灯火通明。相反，如果一个人没有目标，就等于失去了行动和努力的方向。有些人缺乏确定自己目标的能力，总是找不到目标，结果整天浑浑噩噩，得过且过，青春年华在不知不觉中流失殆尽。也正因为没有目标，许多人从来没有一个长远的计划，当然也就不会有发明创新的思路和创意，从而永远被拒绝在成功的门外。

一个人只有先确定目标，才有取得发明创新成功的希望。所以，树立远大正确的目标是创新成功的首要条件。

例 2 目标坚定是成功的重要条件

在一望无际的非洲拉马河畔，一只非洲豹向一群羚羊扑去，羚羊拼命地四散奔逃。非洲豹的眼睛盯着一只未成年的羚羊，穷追不舍。在追与逃的过程中，非洲豹超过了一只又一只站在旁边惊恐地观望着的羚羊。但是对那些和它挨得很近的羚羊，它却视而未见，一次次放过了它们。终于，那只未成年的羚羊被这只凶悍的非洲豹扑倒了，挣扎着倒在了血泊中。

这个故事告诉我们，目标坚定是取得发明创新成功的必要条件。试想，非洲豹中途看到这只羚羊好，便去追赶这只，看到那只羚羊好，便去追赶那只，被追赶的一只只羚羊起跑速度一定很快，由于非洲豹体力在不断消耗，羚羊就会把贪得无厌的非洲豹甩到身后，最终非洲豹哪只羚羊都追不到，还落得个筋疲力尽而又非常懊悔的下场。其实，我们在发明创新中经不起诱惑而中途改变目标的事例可以说是数不胜数，就像非洲豹中途追赶一只只羚羊的下场，应引以为戒。当我们在发明创新中锁定目标以后，就要像非洲豹追赶羚羊那样目标坚定，要有坚定的信念和足够的信心，并能持之以恒，只有紧追一只羚羊才会距离你的目标越来越近，最后才会实现自己的目标。

例 3 目标可以分割

当记者询问日本一位著名的马拉松运动员获得冠军的秘诀时，这位运动员只轻轻地说了一句："凭智慧。"那么，这位冠军的智慧是什么呢？10 年后，这个谜在他的自传中找到了答案：比赛的时候，他并不是把离起点 42.195 千米的终点看成终点，而是在比赛沿途定下若干个点，每一个点是一个终点，每一个点也是起点。这样，最初冲出起跑线的那种感觉，那种意识，在每一个点上都得以持续。而每接近一个点时，那种冲刺的感觉，拼搏的意识，在终点尚未来临时已经加强，这样也就胜券在握了。

把距离分割成若干段短距离，把目标分割成若干个小目标，这就是世界冠军战胜对手的智慧，沿途的一个个小目标铺就了世界冠军成功的道路。

发明创新同样如此，首先要确定一个阶段的目标，一个学年的目标，一个学期的目标，一个月的目标，一个星期乃至一天学习发明创新的目标，这样，学习起来才有努力的方向，才会全身心地投入，才能把发明创新当成一种享受，才能真正体验到发明创新带来的乐趣，才会创有所思，创有所得，创有所成。

二、坚强的信念与充足的自信

1. 坚强的信念

信念是个人对某种观念的执着，即对某种观念的坚信不疑并用以指导自己的行为。

信念意味着个人对某种观念的深刻理解，并对其怀有深刻而持久的情感体验，它使人的行为具有明确的目的性，表现出很强的意志力。人们的发明创新活动，一般是在某种信念的强烈支配下而完成的。在追求目标的过程中，必然会有许多的挫折和困难，要想坚持到底，不半途而废，则必须有很强的信念作支撑。许多人之所以能在某一领域取得重大成就，获得创新的巨大成功，就是因为他们心中有一种矢志不渝的信念，这种信念使他们坚持到最后的胜利。

例 1 李白发愤读书

唐朝诗人李白，小时候不喜欢读书。一天，趁老师不在屋，他悄悄溜出门去玩。他来到山下的小河边，见到一位老婆婆在石头上磨一根铁杵。李白很纳闷，上前问："老婆婆，您磨铁杵做什么？"

老婆婆说："我在磨针。"李白吃惊地问："哎呀！铁杵这么粗大，怎么能磨成针呢？"老婆婆笑呵呵地说："只要天天磨，铁杵就能越磨越细，还怕磨不成针吗？"李白听后，想到自己，心中惭愧，转身跑回了书屋。从此，他牢记"只要功夫深，铁杵磨成针"的道理，发愤读书，终于成为一位伟大的诗人，并被人们称为"诗仙"。

例 2 袁隆平的信念

被誉为全球"杂交水稻之父"的袁隆平在"三年困难时期"，看到无数农民被活活饿死，感到有一种深沉的使命感，于是他立下志愿：我一定要想办法让农民多打粮，摆脱饥饿。正是在这种强烈的信念支配下，他年复一年、日复一日地从事着单调而繁重的劳动——培育杂交水稻。经过 10 年的艰苦努力，他终于培育出了籼型杂交水稻。这一品种在短短的几年内，就为国家增产粮食1060亿千克。它作为我国第一项出口技术转让给美国，比当地良种增产37%；日本、阿根廷、巴西、印度等国家也相继引进试种，增产都达到了20%以上。

例 3 王子的驼背

有一位王子，长得十分英俊，但却是个驼背，这个缺陷使他非常自卑。他常常想，宁愿不做王子，也不要驼背。

老国王非常疼爱这个孩子，他决心利用“信念疗法”治愈王子的驼背。有一天，国王请来全国最好的雕刻家，刻了一座王子的雕像。按照国王的指令刻出的雕像没有驼背，背是直挺挺的。国王将此雕像竖立于宫殿前。

当王子看到这尊雕像时，心情中产生一种震撼，老国王对他说：“孩子，这就是以后的你——一个挺胸直背的王子！”

几个月之后，大臣们说：“王子的驼背不像以前驼得那么严重了。”当王子听到这些，他的内心受到了鼓舞。于是，他更加苛求自己的姿态和举动，无论坐、站、行，甚至睡觉，都要竭尽全力去做到“挺直，挺直，再挺直！”

奇迹出现了，有一天当王子站立时，背直挺挺的，与雕像一样。

他在一个坚定的信念支撑下，努力去改变自己。而老国王、大臣们的要求和鼓励，更是对他极大的鼓舞。

所以，他最终实现了自己的愿望。

信念是取得发明创新成果的巨大精神支柱。

2. 充足的自信

高尔基说：“只有满怀自信的人，才能在任何地方都把自信沉浸在生活中，实现自己的意志。”自信就是自己相信自己。只要你在某件事情上认为自己是对的，或者认为自己能做某件事就可以拥有自信。

自信能催人奋进，自信是创新者的力量源泉，只有当一个人对他所从事的事业充满自信时，才会有积极的态度去创新。

例 1 小凌逐步找回自信

有一位叫翠花的妈妈，儿子考上了重点大学。翠花喜极而泣，这一天她等得太久了。儿子刚上学那会儿，特别马虎，还有个绰号叫“错题大王”，经常被同学嘲笑。儿子因此越来越胆小、不自信，不敢大声说话，甚至不敢和同学们接近。老师把翠花妈妈请到学校谈话，委婉地建议她带儿子去做智力测试。

回到家以后，看着那个低着头、贴着墙角，好像在等待挨骂的小人儿，她的心疼做一团。但是，她没有责骂儿子，而是摸着他的头，温柔地告诉他：“老师说你体育特别棒，要是学习也能这样，那就更完美了。”儿子的眼神一下子被点亮了，努力地点了点头。

从此以后，只要儿子取得一点小进步，她就会肯定他的努力。儿子的自信一点点地找了回来，不但敢自己举手发言，成绩也慢慢变好了。查完高考成绩那一天，儿子热泪盈眶地说：“妈妈，谢谢您，是您的鼓励和肯定让我找回了自信。”

自信，在心理学上是我们对自身行为能力与价值的客观认识，是一种健康向上的心理品质，更是品格的重要组成部分。它影响我们品格的健全发展，是我们自我意识不断成熟和发展的标志。而父母的鼓励和肯定，是我们自信的最初来源，它就像一束亮光，能穿越黑暗，照亮我们的一生。在发明创新中，自信会发挥更加强大的作用。如果缺乏自信，就有可能造成重大的发明创新成果与自己擦肩而过，失之交臂。

例 2 握住自信

有一位女歌手，第一次登台演出，内心十分紧张。想到自己马上就要上场，面对上千名观众，她的手心都在冒汗："要是在舞台上一紧张，忘了歌词怎么办？"她越想心跳得越快，甚至产生了打退堂鼓的念头。

就在这时，一位前辈笑着走过来，随手将一个纸卷塞到她的手里，轻声说道："这里面写着你要唱的歌词，如果你在台上忘了词，就打开来看。"她握着这张纸条，像握着一根救命的稻草，匆匆上了台。也许有那个纸卷握在手心，她的心里踏实了许多。她在台上发挥得相当好，完全没有失常。

她高兴地走下舞台，向那位前辈致谢。前辈却笑着说："是你自己战胜了自己，找回了自信。其实，我给你的，是一张白纸，上面根本没有写什么歌词！"她展开手心里的纸卷，果然上面什么也没写。她感到惊讶，自己凭借这张白纸，竟顺利地渡过了难关，获得了演出的成功。

"你握住的这张白纸，并不是一张白纸，而是你的自信啊！"前辈说。

歌手拜谢了前辈。在以后的人生路上，她就是凭着自信，战胜了一个又一个困难，取得了一次又一次成功。

例 3 尼克松的失败

尼克松曾经是美国总统，但就是这样一个大人物，却因为一个缺乏自信的错误而毁掉了自己的政治前程。

1972 年，尼克松竞选连任。由于他在第一任期内政绩斐然，所以大多数政治评论家都预测尼克松将以绝对优势获得胜利。

然而，尼克松本人却很不自信，他走不出过去几次失败的心理阴影，极度担心再次出现失败。在这种潜意识的驱使下，他派手下的人潜入竞选对手总部的水门饭店，在对手的办公室里安装了窃听器，鬼使神差地干出了令他后悔终生的事。事发之后，他又接连阻止调查，推卸责任，在选举胜利后不久便被迫辞职。本来稳操胜券的尼克松，却因缺乏自信而导致惨败。

自信鼓励我们去把握那些有根据的机会。

三、超常的自制力与顽强的意志

1. 超常的自制力

自制力也可以称为情感控制力，一直是人们称颂的美德，它要求人们能抵挡因命运冲击产生的情感波涛，不可沦为情感的奴隶。喜、怒、哀、乐皆有度，表现为谨慎、均衡而智慧的生活态度。但是控制情感，并不是抑制情感，任何一种情感反应都有其意义和价值。如果人类没有激情，生命就将失去本身的丰富价值。如果创新没有激情，灵感也就不可能撞击出火花，正如亚里士多德所说，“重要的是情感适度，适时适所”。

例 ① 珍妮·古多尔与黑猩猩

很多专家曾断言，人们无法对野生黑猩猩的生活奥秘进行探索和研究，因为黑猩猩居住在难以穿越的茂密森林中，研究者将遭遇各种各样的危险与困难。20 世纪 60 年代初期，从坦桑尼亚传来消息：有一位刚刚走出校门名叫珍妮·古多尔的英国姑娘，怀抱为科学献身的崇高理想，放弃了优越的工作，远离繁华的都市，只身进入非洲丛林与黑猩猩为伍。

一个年轻姑娘，独自进入原始森林研究黑猩猩并与之为伴，其中所遇的困难可想而知。如果不能控制自己的情感，她是不可能做到这一点的。后来，珍妮·古多尔获得了成功，她的名字永载史册。因此，一个人要想有所作为、有所创新，就必须对某件事物产生深深的情感。

例 2 爱迪生选择其他领域发展

创新常常意味着放弃，而放弃则包含着感情上的割舍，这对多数人来说是极为困难的。我们对自己熟悉的事物和环境总会产生一定的感情而难以割舍，而创新则要求我们排除感情的干扰，去开辟新的领域。

爱迪生年轻时，其兴趣主要集中在研究和改良电报发报机上，他相继发明了复合式电报机、自动记录式电报机等。后来，大富豪古德为了垄断电报市场而购买了西方联合电报公司，这给爱迪生造成了很大的威胁。经过一番痛苦的抉择，爱迪生的理智终于战胜了自己的感情，他离开了自己心爱的电报事业，转而在其他领域寻求发展。很快，爱迪生大显身手，相继发明了电灯泡、留声机、电影放映机等。

感情常常是无形的、暗中操纵着思维过程的东西，使得我们无法觉察。当我们改变感情的时候，也就改变了对外界事物的看法，两相比较，才发现原来的感情倾向，以及在那种感情导向下的思维偏差。

一个人只要对所研究、从事的工作充满爱、充满感情，就会极大地推动他的创新力，不管遇到千难万险都会乐观地执着去做。

例 3 谢建平选择余杭有机玻璃厂

人都是有情感的动物。1986 年 4 月，上海发明家谢建平在自己的私人实验室里创造出“聚烯耐热防缩剂配方及工艺”，开发了“聚硅氧聚丙烯薄膜电缆隔离层和绕包带”新产品并获得了专利权。顿时，络绎不绝的来客相继登门商购这项专利，其中一位美商愿意出 300 万美元，但谢建平拒绝了。许多财大气粗的国有企业也给了高价，却都被婉言谢绝。

余杭有机玻璃厂厂长陈锦松也闻讯找上门，他坦率地告诉小谢，自己的厂是一个乡镇小企业，真心邀请小谢到自己的厂去当厂长，他愿意以自己的全部精力服务于小谢的科研和生产实验。他们从国内外电缆生产中以价格昂贵的镀锡做中间层的不经济，谈到生产一种既节约又保险的新型绝缘材料的迫切性；从农村因挞谷机电缆龟裂而漏电死人的惨状，谈到办厂时因车间电缆破损而致使工人触电的情景；从一个企业家的社会责任感，谈到这个新产品的广阔前景。谢建平为陈锦松厂长的赤诚热心所感动，两个人的心相通了，小谢欣然应允，他来到了坐落在乡村的余杭有机玻璃厂。陈锦松为他腾出了最好的房子，为他买来补养身体的食物，并专程从上海接来了他的妻子和孩子。不论小谢在工作和生活上遇到什么困难，厂里都设法为他解决。厂长的理解、支持和无微不至的关怀，深深地打动着谢建平的心。他毅然将自己的专利应用于生产，并夜以继日地工作。不到 3 个月，新型绝缘材料诞生了，其性能超过了国际标准。许多大型企业改用这种新型材料，余杭有机玻璃厂从此走上振兴之路。

在这个案例中，谢建平自然懂得自己专利的价值，但他没有选择出价最高的美国商人，而是选择了余杭那家小厂去一试身手。除了谢建平懂得情感的价值，更懂得自我实现的价值以外，更是余杭有机玻璃厂厂长陈锦松懂得以情感用人的结果。

创新者在把握情感的适度、适时和适所方面，恰到好处，能较快摆脱不适情绪，保持情绪的稳定。

情感对创新活动有着巨大影响。

2. 顽强的意志

意志是人自觉地确定目的，并支配行动，克服困难，实现目的的心理过程。创新意志是指自觉支配和调控创新行动，克服创新中遇到的困难，实现创新预定目标的心理品质。

例 1 朱自清生命的最后日子

我国以民族气节著称的现代文学家朱自清，在他生命的最后日子里，病势日渐沉重，时时呕吐疼痛，常常通宵不能成眠，身体极度衰弱。但是，他仍旧拼命工作：写作、演讲、编纂……在他最后卧床不起前一个星期的两则日记里是这样记述的："未进行日常工作。编教科书。仍感疼痛。"（1948 年 7 月 26 日）"编写教科书。××晚间来访。睡得很晚，但未觉腰疼。开始写了数行论白话文的文章。"（翌日）

例 2 贝尔持续工作

在贝尔之前，有很多人都宣称自己发明了电话。在这些取得专利的人中，有格雷、爱迪生、多尔拜尔、麦克多那夫、万戴尔威和雷斯。其中雷斯是唯一接近成功的人，而造成巨大差异的原因竟是一颗微小的螺钉。如果雷斯能坚持把一颗螺钉转动 1/4 周，把间歇电流转换成等幅电流，那么他就成功了。法院在《判决书》中是这样写的："雷斯和贝尔之间的不同之处在于，雷斯在中途停了下来，所以他失败了。而贝尔持续工作，直到取得成果。”贝尔获得成功的关键就是靠意志。

例 3 到死也不肯断掉思维“热线”

古希腊的大科学家阿基米德，当罗马军队侵入叙拉古并闯入他的屋中时，75 岁的阿基米德正蹲着研究画在地上的几种图形，继续追寻着他顿悟的数学证明，直到罗马士兵的宝剑刺到了他的鼻尖，他还坦然无畏地说：“等一下杀我的头，再给我一会儿功夫，让我把这几条几何定理证完，不能给后人留下一条没有证完的定理啊……”残暴的罗马士兵不容他说完，就举剑向他砍去，阿基米德大喊一声：“我还没做完……”便倒在了血泊中，他死也不肯断掉头脑中的思维“热线”。

意志是创新成功的精神支撑。

四、敢于冒风险的精神

正如马克思所说，“在科学的道路上没有平坦的大道，只有不畏艰险沿着陡峭山路向上攀登的人，才有希望达到光辉的顶点”。发明创新是在未知的荆棘中探索，可能遭到外人的嘲笑、各种难题的阻挠，总之会遇到各种困难，如果没有冒险精神，害怕风险而安于现状，就永远不可能实现发明创新。

例 1 伟大的科学家无一不具有极强的冒险精神

被誉为“解剖学之父”的比利时医生维萨里冒着被杀头的

危险，多次偷尸解剖，仔细研究人体的各部分构造，终于写成了《人体的构造》一书，成为世界上第一个正确描写人体结构的专家。美国科学家富兰克林为了揭开雷电之谜，在雷电交加的情况下，冒着雷击的危险，利用风筝做了一次接引“天电”的试验。“炸药大王”诺贝尔研究炸药，他的几名助手和弟弟都被炸死，自己也几次死里逃生，可他不畏艰险，继续研究，最终发明了炸药。发明狂犬病疫苗的巴斯特为了研制狂犬病疫苗，不顾生命危险，用吸管从疯狗嘴中抽取唾液，经过千辛万苦，多次与死神擦肩而过，终于发明了预防狂犬病的疫苗。

这些伟大的科学家无一不具有极强的冒险精神，正是因为他们那种无所畏惧的精神才有了这些造福人类的伟大发明。

例 2 为何花匠永远是穷人?

约翰·洛克菲勒雇用了一名花匠，花匠勤劳踏实，手艺精湛。

一天，花匠突发奇想：“洛克菲勒的生意越做越大，虽然自己每年都涨薪水，可与洛克菲勒比起来实在是小巫见大巫。”于是，他去请教洛克菲勒：“我怎样才能像您一样发达起来呢?”

洛克菲勒问花匠：“你认为什么事情可以发财致富呢?”

“培养苗圃。在一大片空地上培养苗圃，两年后就可以出售了。如果一棵赚 5 元，那么种上 50 万棵就可以发大财了。”

洛克菲勒认为花匠的想法不错，说：“这样吧，我出钱，你来管理，赚了钱咱俩平分，你觉得怎么样?”

花匠吓坏了，他连忙摆手，说：“我只是说说而已，没想过真要这么做，我看我还是当花匠吧。”

然而洛克菲勒仍旧觉得这是一个不错的致富之道。于是，他按照花匠的设想种植了大片花苗，在两年后大赚了一笔；而花匠由于缺乏冒险精神未将想法付诸实践，还是当年的花匠！

例 3 加里森赢得比赛胜利

1990 年，在温布尔登举行的网球锦标赛女子组半决赛中，16 岁的前南斯拉夫女选手塞莱丝与美国女选手津娜·加里森对垒。随着比赛的进行，人们越来越清楚地发现，塞莱丝的最大对手并不是加里森，而是她自己。

赛后，塞莱丝垂头丧气地说："在这场比赛中，双方的实力太接近了，因此，我总是力求稳扎稳打，只敢打安全球，而不敢轻易向对方发起进攻，甚至在加里森第二次发球时，我还是不敢扣球求胜。"

与塞莱丝相反，加里森却敢于冒险，赛后她谈道："即使失了球，我至少也知道自己是尽了力的。"结果，加里森在比赛中先是领先，继而胜了第一局，后来又胜了一局，最终赢得了全场比赛的胜利。

当遇到严峻的形势时，人们习惯的做法是小心谨慎，保全自己，而不是考虑怎样发挥自己的潜力。正像塞莱丝在赛场比赛一样，这种人大都会以失败而告终。

第二章 修养创新品格

智力因素和非智力因素的有机结合，构成人不同的创新品格。长期以来，我们对智力方面的培养很重视，下的功夫也多，好像也能立竿见影。但是，在创新品格方面的教育培养上，学校、社会和家庭的认识不足，相对较为薄弱。

第一节　开发智力因素修养创新品格

智力因素包括观察力、注意力、思维力、记忆力和想象力。

一、观察力与注意力

1. 观察力

观察力是指大脑对事物的观察能力，如通过观察发现新奇的事物等，在观察过程对声音、气味、温度等有一个新的认识。

例 1 法布尔观察昆虫

法布尔是第一位在自然环境中研究昆虫的科学家，达尔文曾赞誉他是“无与伦比的观察家”。

法布尔自幼爱好自然，经常观察昆虫和贝类的生活情况，他观察研究的热情到了如醉如痴的地步。

为了了解昆虫的生活，他有时在野外纹丝不动地伏在地上，从太阳上山一直观察到太阳下山。为了捕捉一只昆虫，他常常跟着昆虫跳来跳去。他观察雄槲蚕蛾向雌蛾“求婚”的过程，整整花了 6 年的时间。第一次当快要取得成果的时候，槲蚕蛾“新娘”不巧被一只螳螂吃掉了，这个时候他已花了将近 3 年的时间。

法布尔毫不气馁，他又从头再来，又整整观察了 3 年的时间，终于得到结果。法布尔凭着对观察昆虫的热情与耐心，于 19 世纪末完成了其名著《昆虫记》。

例 2 通过树枝测算树龄

观察树龄的长短，通常是将树木锯断，观察横断面上的年轮来确定的。能否在不锯断树木的前提下，知道树木的树龄呢？有人带着这个问题，观察了梧桐、松树、杉树等许多树种，并对树干的年龄与主干的年龄进行了对比，发现树木支干上的年轮数比主干上的年轮要少一些，越是树尖上的枝干，年轮越少。因此，也可以通过不同位置树干的年轮，测算出其相应的树龄。而且，还发现很多树枝是一年长出一节，所以，树龄还可以通过树枝的节数来测算。

法拉第曾经说过：“没有观察就没有科学。科学发现诞生于仔细的观察之中。”当然，千年古树是很难用这种方法测算树龄的，因为树龄越长，树干的变化也就越大，有的树节已停止延伸，所以就不准确了。

例 3 8 点零 5 分的“表演”

在澳大利亚的菲利普岛上有一块石碑，碑上醒目地写着：“仙企鹅登陆时间为傍晚 8 点零 5 分。”每到傍晚，来自世界各地的游客便云集海滩，抬手看表，静待奇观的出现。果然，8 点零 5 分刚到，一只体态魁梧的仙企鹅分秒不差地向岸边游来。这是仙企鹅的“首领”。只见它上岸东张西望地“侦察”一番，判断无敌后，回头“嘎”的一声令下，排成三路纵队的众企鹅随之鱼贯登陆，顷刻之间就有成千上万只仙企鹅直扑海滩，其情景令人惊叹不已。

澳大利亚菲利普岛的居民为何能准确地知道仙企鹅正好在傍晚 8 点零 5 分登陆“表演”？显然是与他们的认真观察分不开的。

常用观察方法：一是从全局的角度去观察事物。总揽全局的观察方法就是要从繁杂的事物中迅速观察到其中最本质的东西，从而把握住事物演变的脉络。二是从局部特征去观察事物。局部观察是把被观察对象的各种特征、各个方面或多个组成部分逐一分解开来，认真进行观察。这样的观察可以使人们对事物了解得更加仔细、更加精确。

2. 注意力

注意力是指人的心理活动指向和集中于某种事物的能力。

“注意”，是一个古老而又永恒的话题。俄罗斯教育家乌申斯基曾精辟地指出：“‘注意’是我们心灵的唯一门户，意识中的一切，必然都要经过它才能进来。”

例 1 比尔 · 盖茨迷上计算机

在学习中，注意力是打开心灵的门户，门户开得越大，学到的知识越多。而一旦注意力涣散或无法集中，心灵的门户就关闭了，一切有用的知识和信息都无法进入。那么，对想要去探究的事物就不可能捕获到新的信息。

比尔 · 盖茨一出生就受到了家庭的精心教育，比尔的父母尤其注重培养他的注意力。在父母的培养下，比尔专注于某一事物的天赋十分明显。比尔在关注他感兴趣的东西时，往往对周围的事物一概不管。

还在很小的时候，他就喜欢看书，经常捧着书，接连看几个小时都毫不厌倦。

到了中学，比尔·盖茨接触了计算机，这个神奇的家伙立即深深地吸引了他。他开始疯狂地迷上了计算机。很快，八年级学生比尔便挤进了高年级学生的圈子，他们的老师所知道的所有计算机知识，比尔用一个星期的时间就掌握了。

在那个时代，计算机刚刚起步，上机编程很昂贵，但比尔还是不断地寻找甚至创造机会去上机编程序。那时，比尔常与伙伴们一起乘车到学校附近一家新办的计算机中心公司编写程序，他经常忙到累得无法继续才回家。比尔总是边吃面包，边忙着编程序。即使回家，比尔的心思还在计算机上。在家里，他常常为了一个问题，费尽心思地苦苦思索。他的房间里到处都是成卷成沓的电传纸和计算机纸。

吃完晚饭后，比尔常假装睡觉，然后趁父母不注意时偷偷溜出家门，坐十来分钟的汽车去计算机中心公司继续他的编程工作，偶尔他回来得太晚了，汽车已经停运，他只好走路回家，但他似乎乐此不疲。

进入哈佛大学后，学习计算机的条件优越得多了，比尔如鱼得水。他以极大的精力投入到计算机中。为了赶一个程序，比尔有时一干就是 36 个小时以上，困了就趴在桌上睡一会儿，醒来后继续忙碌。忙完后，比尔一回宿舍就拉过毯子，倒头便睡。有时太投入了，以至他在盖着毯子熟睡时，还梦着计算机的事——他一遍遍地说：“一个句号，一个句号，一个句号，一个句号……”

比尔把精力全部都投入到计算机上，极大的专注力让他无法再顾及其他，尽管那时家里很富有，尽管他可以在大学与人约会，但比尔的注意力却从来没有在这些方面停留。

正是这种强大的注意力让比尔·盖茨在计算机方面有了非同寻常的成就，最终引导他走向自己心爱的计算机事业。

例 2 李四光认错女儿

根据我国地质学家李四光女儿的回忆，有一天，时间已经很晚了，父亲还没有回家。着急的女儿就去叫他回家吃饭，谁知见到他后，他却一边工作，一边亲切地说："小姑娘，这么晚了还不回家，你妈妈不着急吗?"等女儿两次喊"爸爸，妈妈让你回家吃饭了"时，李四光抬头一看，不由得笑了，"小姑娘"不是别人，正是他自己的宝贝女儿。

例 3 上乘之作出自尽善尽美的人之手

奥地利作家斯蒂芬·茨威格在年轻的时候，曾有机会拜访著名的雕塑家罗丹。罗丹把茨威格引进自己的工作间，他罩上粗布工作衫，在一个台架前停了下来。"这是我的近作。"罗丹介绍说。他把湿布揭开，现出一个女子的正身像。他退后一步，仔细看着，不久他低语道："就是这肩上的线条还很粗。对不起……"他拿起刮刀轻轻地滑过软和的黏土，给肌肉一种更柔美的光泽。"还有这里……还有这里……"他又修改了一下。他把台架转过来，含糊地吐着奇怪的喉音。时而他的眼睛高兴得发亮，时而他的双眉苦恼地蹙着。他捏好小块的黏土，粘上，又刮掉一些。就这样过了 1 个小时，2 个小时……他没有再跟威茨格说过一句话。他忘掉了一切，专注于他的工作，犹如创世之初的上帝。最后，罗丹扔下刮刀，满怀温存关怀地用湿布蒙上了雕像。他转身要走，快到门口时，他突然看见了威茨格。他凝视着，过了许久，他才想起什么，说："对不起，先生，我完全把你给忘了，可是你知道……"

威茨格后来写道："我握着他的手，感谢地紧握着。我为罗丹的失礼而感激万分，亲眼看见一个人全然忘记时间、地方与世界地工作，再没有什么比这更让我感动的了。"雕塑家罗丹注意力集中的工作和沉迷让我们不得不感叹："所有上乘之作都是出自尽善尽美之人的手中。"

培养注意力的方法：(1) 克服外界干扰，养成闹中取静的学习习惯；(2) 加强意志锻炼，做注意力的主人；(3) 注意休息；(4) 跟上老师讲课的节奏；(5) 放松心情。

二、思维力与记忆力

1. 思维力

思维力是人脑对客观事物间接的、概括的反映能力。当人们在学会观察事物之后，就会逐渐把各种不同的物品、事件、经验分类归纳，不同的类型都能通过思维进行概括。

例 1 从小爱思考的沈括

沈括（1031~1095 年）是我国北宋的一位科学家。小时候，他从来不放过弄不明白的问题。有一天，他读到白居易的诗："人间四月芳菲尽，山寺桃花始盛开。"于是，沈括便邀约几个伙伴，决定去深山看一看。

妈妈知道儿子对任何事情都有一股子钻劲，也不阻拦，便往儿子手上塞了一个小棉袄，说："山里冷，带上吧。"

沈括一行兴致勃勃地爬上高山。深山里，红艳艳的桃花开得正茂盛。伙伴们争论起来，有的说，山下的桃花早谢了，这里的桃花才开，这是因为桃树的品种不一样；有的说，也许桃花开花没有规律，想什么时候开就什么时候开，……争论没有结果，大家互不服气。此时一阵寒风袭来，大家都觉得凉飕飕的，沈括穿上了妈妈给他的小棉袄。刚才大家争论时，沈括一言不发，他觉得伙伴们的话都说服不了人。

回家的路上，深山的寒意渐渐地消失了，沈括反复地思考，得出了山里山外的桃花为什么不同时开花的结论。他认真地对伙伴们说："我想桃花的开花时间是和地势、气温有关系。山里地势比平原高，气温比较低，所以植物开花时间就比较晚，这是地气不同的缘故。"伙伴们认为沈括的解释很有道理。

例 2 日本人分析大庆油田的情况

在我国大庆油田开发初期，日本人就设法收集大庆油田的情报。他们看到画报封面上刊登的王铁人的照片，天下着鹅毛大雪，铁人身穿大棉袄，于是分析大庆油田可能位于东北三省，否则不会有这么大的雪。看到《人民日报》的一篇新闻报道，王进喜到了马家窑，说了一声："好大的油田啊，我们要把中国石油落后的帽子扔到太平洋里去!"日本人说："找到了，马家窑就是大庆油田的地址。"日本人又看到《人民画报》报道大庆的设备不用马拉车推，完全是肩扛人抬，于是他们分析马家窑离火车站不远，假如距离远了就不会用肩扛人抬了。1964 年，王进喜参加了全国人民代表大会，日本人又想到：大庆油田出油了，不然王进喜当不了全国人大代表。日本人还准确地推算出大庆油田油井的直径大小和大庆油田的产量。后来，他们又根据《人民日报》的一幅钻塔照片上钻台手柄的架势估算出油井的直径。这些情况为日本石油化工设备公司向大庆油田提供设计设备创造了有利条件。

例 3 不同的思维导致不同的结果

眼见逃荒的人越来越多，王老六背起自己的全部财产——一袋红薯，也加入了逃荒的队伍。

走到半路上，老六碰到饿得只剩一口气的父子二人，父亲背上也背着一个很重的袋子。那人见老六背着那么多红薯，便向老六讨要一个给孩子吃，老六不肯。那人便说："你卖给我，行吗?"说完，就把自己背上的一袋银子全倒在地上。老六的眼睛直了，因为他穷了一辈子，做梦也没有见过这么多钱。

就这样，老六背着一袋银子上路了，他怕那父子二人反悔，便加快了脚步往前赶。几天后，老六再也走不动了，因为他一路上买不到任何东西吃。买他红薯的父子二人很快就赶了上来。老六望着那个男人背上的红薯，开始后悔了，他走上前去要把红薯买回来，可那人无论如何也不卖。老六失望地跌坐在地上，抱着他的银子，在饥饿中死去。

老六去见阎王，阎王说："本想给你一次发财的机会，没想到却要了你的命。真是人为财死，鸟为食亡啊!"

老六说："我前世穷怕了，今生今世不想再做穷人了。"阎王说："其实前世你也不是穷人的命，只要你卖掉一半的红薯，也就不叫穷了，谁叫你将红薯全部卖掉呢?今生的事，好说。我且问你，今生你有两个去处，一个去处是一万个人供养你一人，另一个去处是你一个人供养一万个人，你愿意走哪一条路?"

老六一听，不假思索就答道："肯定是一万个人供养我一个人好!"然后他便千恩万谢地高兴而去。

30年后，老六又回到阎王那里，大说阎王骗他。阎王笑道："你怎么说我骗你呢？"老六说："听了您的话，我做了一辈子的乞丐。"阎王说："这就对了，一万个人供养一个人，指的就是乞丐呀！你不能怪我，只能怪你自己的选择。"

老六一听，便对阎王说："阎王老爷，我接下来的一世，求您一定得让我过点好日子啊！"阎王说："这个好说，现在有两份好工作：一份是看守一座金山，另一份是看守一片土地，你选哪一份呢？"老六这回认真地想了想，觉得还是看守金山比较好。

阎王看着老六远去的背影说："这个人一生就是穷命啊！"众小鬼问为什么，阎王说："这看守一片土地的工作，实际上就是在一个地方当个大官；而那份看守一座金山的工作，实际上就是当一只老鼠，守一座谷仓啊。所以说，人啊，生死虽然由命，但是富贵却在思维啊！"

这就是不同的思维造成的不同结果。

真正的富贵并不是只要钱而不要命；也不是一万人供养一人，而是一人供养一万人；也不是只要金山，而是要造福一方土地。

2. 记忆力

记忆力是识记、保持、再认识和重现客观事物所反映的内容和经验的能力。

记忆力是人智力活动的基本品质之一。一个人记忆力的好坏不完全是天生的，是可以通过训练来提高的。玩游戏、演故事、看图片……在娱乐中就可以轻松培养自己的记忆能力。熟能生巧，记忆大量的东西后，在不知不觉中融会贯通，就会成为创新的源泉。

例 1 茅盾能背诵《红楼梦》

我国现代文学巨匠茅盾能够背诵一百二十回的古典文学名著《红楼梦》。起先有人以为是溢美之词。一次，几个朋友在茅盾家里聚谈，恰好那个人也在场，他请茅盾背诵《红楼梦》娱客，茅盾欣然答应。客人随便点了一回，茅盾果然滔滔不绝地背诵了一遍，真是名不虚传。茅盾惊人的记忆力，对他在文学上取得辉煌业绩显然起了很大的作用。

例 2 华罗庚能记住擦去的演算步骤

抗日战争期间，我国著名数学家华罗庚在云南昆明西南联合大学教书。当时经济条件极差，他搞数学研究遇到了缺少纸张的困难。于是，他不得不用粉笔在黑板上进行演算、论证和推导。冗长的演算往往要占满几块黑板，可是黑板只有一块，结果他只好在黑板写满以后擦掉接着写。华罗庚竟能把擦去的复杂的演算步骤丝毫不差地记在脑海里，从容不迫地把演算进行下去。

例 3 张松戏曹操

三国时期有一位名士叫张松，他有军机大事要去拜见曹操。曹操见他长得丑陋，听他直来直去地说话又很讨厌，所以待他十分冷淡。张松心里很不痛快。后来，张松和曹操的谋士杨修会面了。杨修拿出曹操写的《孟德新书》给张松看，本想以此来说明曹操很有才学，不料，张松翻看了一遍便说这书是抄来的，西蜀的小孩子都能背得出来，没什么了不起。接着，他就流利地背了一遍，居然一字不差。张松凭着他背书的特长，气煞了曹操。《三国演义》的作者把张松的这种本领赞扬为“语倾三峡水，目视十行书”。

据美籍匈牙利数学家冯·诺依曼对大脑思维过程的研究，大脑中的神经元，总数至少在100亿~140亿个。根据冯·诺依曼的估计，如果人的一生用60年来计算，神经元每秒钟接受的信息量是14比特，那么一个人毕生的总记忆储量大约是2.8×10^{20}比特。打个形象比喻，以便想象出记忆储量到底有多大：利用它，一个人能够把20亿亿个复杂程度相当于乘法表（一张乘法表包含的信息量大约相当于1500比特）的对象记住。或者还可以作个比较。美国国会图书馆是世界上最大的图书馆之一，藏书近2000万册。我们大脑的信息储量可以容下三四个美国国会图书馆。因此，一个人活到老、学到老，也只占用了自己大脑信息储量的一丁点儿。

增强记忆力的方法分三个步骤，即识记、保持和再认（重现）。

三、想象力

想象力是人在已有形象的基础上，在头脑中创造出新形象的能力。比如当同学们说起小汽车，自己马上就会想象出各种各样的小汽车形象来就是这个道理。

例 1 吴承恩的想象

谁也没有见过兽头人身的人，也没有见过猴脑袋和猪脑袋长在人的身体上，而吴承恩却活脱脱地将他们跃然纸上。孙悟空和猪八戒就是人的想象的产物，是人凭借想象思维创造出来的艺术形象。因为人们见过兽和人，并感知过各种动物的特征，想象就是人脑在过去感知的基础上对所感知过的形象进行加工、改造，创建出新形象的心理过程。这样，孙悟空和猪八戒独特的外表与其原型动物相一致的性格，就是想象创建的新形象。这种新形象是一个人从未亲身知觉过的事物的形象。不论它们多么新颖和离奇古怪，但都是已有的记忆材料经过人脑的加工改造所形成的。

例 2 道格拉斯的大胆想象

1904 年，道格拉斯来到伐木场，在一家农户门口，他看到了一个大树桩，就仔细地观察着树桩上的年轮，看了一会儿，他对主人说："这棵树是 1894 年砍下来的。"

主人非常吃惊，回答说："对了，正是 10 年前砍的树。"

道格拉斯还说，1883 年前，这里曾经闹过多年旱灾。他又说对了。

当然，道格拉斯不是瞎猜。他在看年轮的时候，作了大胆的想象。树木的年轮，一年长一圈，按道理，应该是每一圈的间隙都是一样宽。可是，眼下这个树桩的年轮却并不是这样。

很快，他就明白了，树木生长的条件并不是年年都相同。天旱的年头，树木生长缓慢，留下了狭窄的年轮；风调雨顺的年头，留下了宽的年轮，连续多年的好天气使得年轮的间隙就比较均匀。

就这样，道格拉斯把气候与年轮联系起来了，从树木年轮的记录中研究过去的气候变化。为此，道格拉斯创立了"树木年轮研究室"，专门从事这方面的研究。

道格拉斯从树的年轮想象到树是什么时候砍的，以及当时的气候条件变化，展示了他丰富的想象力。

例 ③ 深山藏古寺

古代有位画家以“深山藏古寺”为题考察三个学生的绘画能力。一个学生画了四面高山、悬崖峭壁，中间有座寺院；另一个学生画了峰峦起伏、松柏挺立，并有古寺一角；唯有第三个学生未画山也未画寺，他画了数节石阶通向小溪，一个和尚在挑水，古寺藏而不露反而跃然纸上。

培养想象力的方法：（1）临摹仿效；（2）丰富知识经验；（3）培养发现问题、提出问题的优良心理品质；（4）参加创新活动；（5）培养正确幻想。

第二节　开发非智力因素修养创新品格

非智力因素包括动机、兴趣、目标、意志和性格。前面我们已经讲过兴趣、目标和意志。在这里，我们只讲动机和性格。

一、动机

动机是推动和激励人去行动的心理驱动力，是引起和维持人的行为并将行为导向某一目标的愿望和意念。创新动机是出于创新心理需要和创新兴趣，并与创新目标相联系而导致创新活动发生的内在动力。

例 ① 发明电影的动机是因为打赌

1872 年的一天，在美国加利福尼亚州一家餐馆里，斯坦福与科恩发生了激烈的争论：马奔跑时是不是始终有一蹄着地？由于谁也说服不了谁，于是就采取了美国人惯用的打赌方法来解决。他们约定了打赌的金额后，便请来一位驯马好手进行裁决。然而，这位裁判员也难以裁判谁是谁非，因为单凭人的眼睛实在难以看清楚快速奔跑的马蹄是如何运动的。

裁判的好友、英国摄影师麦布里奇知道了这件事，表示可以由他来试一试。他在跑道的一边安置了 24 架照相机，排成一行，相机镜头都对准跑道；在跑道的另一边，他打了 24 个木桩，每根木桩上都系上一根细绳，这些细绳横穿跑道，分别系到对面每架相机的快门上。一切准备就绪，麦布里奇牵来了一匹漂亮可爱的骏马，让它从跑道的一端飞奔过来，当骏马经过这一区域时，依次把 24 根细绳绊断，24 架照相机也就依次被按动快门而拍下了 24 张照片。麦布里奇把这些照片按先后顺序剪接起来，它们就组成了一条连贯的照片带。裁判根据这组照片，终于看出马在奔跑时总有一蹄着地，从而判定科恩赢了。

这场打赌及其奇特的判定方法引起了人们很大的兴趣，麦布里奇一次又一次地向人们介绍他的方法。一次，有人无意识地快速牵动那条照片带，结果眼前出现了一幅奇异的景象，每张照片中那匹静止的马叠成了一匹运动的马，它竟然“活”了起来！后来经过无数发明家的研究、改进，电影终于诞生了。它的生日是 1895 年 12 月 28 日。

为了满足打赌的需要，却导致了电影的发明，这成了科学史上的一段佳话。

例 2 发明罐头的动机是因为奖金[1]

法国皇帝拿破仑是个雄心勃勃的人，企图用武力建立起一

[1] 刘昌明，赵传栋. 创新学教程［M］. 上海：复旦大学出版社，2007：17.

个庞大的“拿破仑帝国”。他的军队远征非洲，横扫欧洲，取得了一系列辉煌的胜利。但在长期的征战中，使拿破仑感到头疼的一个问题是军队的食物供给。后勤部队由于有许多像锅灶、燃料一类的笨重物品，行进速度往往跟不上战斗部队。紧张的战斗又是连续进行的，不允许士兵们自己烧饭吃。如果带上新鲜食物，食物又很容易腐败，不能长久保存。军队的吃饭问题，常常直接影响到战争的胜败。为了解决这个问题，1795 年，拿破仑宣布：如果有谁能发明保存军用食品长期不变质的方法，就可以获得 12000 法郎的奖金。

12000 法郎，这可是个相当吸引人的大数目。许多人马上开始进行研究和试验。巴黎有个叫尼古拉·阿贝尔的糕饼师傅，也做了许多试验，发明了食物密封保存的方法。他的方法是把食物装在陶罐里，灌进足够的水，然后紧紧地将罐口用软木塞塞紧，再放进盛有水的锅里，慢慢地把水烧开，等烧一段时间后再把它拿出来，这样装在里面的食物就可以保存比较长的时间，这就是最初的罐头。

拿破仑听到这个消息后非常高兴，命令部下赶紧照办，一试，果然奏效。于是，1810 年，阿贝尔领到了 12000 法郎，成了富翁。

例 3 发明预防天花方法的动机是社会需要[1]

天花是一种非常厉害的传染病，得了这种病往往会导致死亡；侥幸活下来的人，脸上或身上也会留下麻子，有时还会导致眼盲、听力障碍或其他残疾。天花的流行速度很快，后果是极其严重的。18 世纪中叶，在俄国曾经流行过一次天花，最终

[1] 刘昌明，赵传栋. 创新学教程［M］. 上海：复旦大学出版社，2007：19.

导致 200 万人死亡。

天花是一种古老的疾病，人们一直在努力寻找防治它的方法。直到 200 年前，英国的乡村医生琴纳发明了牛痘接种后，人类才最终战胜了天花。

琴纳出生在英国的牧区，从小就目睹天花残害人类的悲惨情景，产生了要为人类寻找防治天花方法的强烈愿望。

琴纳 13 岁时，哥哥就将他送到外科医生卢德洛那里当学徒。他对病人有着真挚的感情，并经常跟老师谈论天花病的问题。由于琴纳虚心好学，肯动脑筋，受到老师的喜爱。老师又将他推荐到伦敦亨特医生的私人诊所里工作。琴纳在亨特医生那里工作了几年，成长为一名杰出的外科医生，他回到家乡办起了小诊所。他牢记着自己的志愿，一心要寻找一种安全可靠的预防天花的方法。

有一次，乡村检察官要琴纳统计一下几年来村里死于天花及因天花留下麻子的人数。琴纳在统计中发现，几乎家家都有被天花夺去生命的人，可是在村里众多挤牛奶的姑娘中，竟然没有一个人死于天花或留下麻子。奇怪，挤牛奶的姑娘为什么会幸免呢？挤奶姑娘们告诉琴纳：奶牛也会生痘疮，可是牛却很少死去，也不会留下麻子。挤奶姑娘给患痘疮的牛挤奶，也会被感染上痘疮，就是天花，不过病情很轻，只是稍微有点不舒服，没多久就好了。但是，这样一来，以后就再也不会得天花了。琴纳由此联想到，如果把微量的牛痘接种到人的身上，让大家都感染一次从牛身上传来的天花，这样人们就不会再得天花了。但是琴纳的发现并没有得到应有的支持，相反却遭到了一些人的强烈反对，他们认为琴纳的说法是把人当作下贱的牲口，并认为牧场挤奶姑娘们得的病与牛痘毫不相干，有人甚至提出要将琴纳开除出医学会。面对人们的反对，琴纳坚定不移，深信用牛痘接种能使人免除天花，并继续进行试验。

经过 20 多年的系统观察与实验，琴纳终于发明了一种用牛痘预防天花的方法。1796 年 5 月 21 日，这是一个令人难以忘怀的日子，就在这天，琴纳首次在家乡给人种牛痘。世界上第一位接种牛痘的人，是一个 8 岁的男孩杰米。琴纳找到了一个刚感染了天花的女孩，从她身上取了一些痘疮的疮浆种在杰米的左臂上。3 天之内，杰米只是稍微有些不舒服，可是很快就恢复了正常，只是在左臂上留下了一个淡淡的疤痕。6 个星期后，琴纳给杰米接种了天花病人的痘浆，他竟安然无恙，连轻微的反应都没有。原来，杰米已经有了对天花的免疫力。琴纳以自己的试验向世界宣告：人类开始了战胜天花的新纪元。

由于普遍接种牛痘的缘故，天花逐渐被征服，并最终被消灭。在我国，最后一例天花病人发现于 1960 年，世界上最后一例天花病人发现于 1977 年。1979 年 10 月 26 日，世界卫生组织终于在肯尼亚首都内罗毕正式宣布：天花已经在人间灭绝了。

二、性格

性格是指人对现实中客观事物经常的稳定的态度，以及与之相应的习惯化了的行为方式。比如说，有的人小心谨慎，有的人敢拼敢闯，小心谨慎与敢拼敢闯就是两种截然不同的习惯化了的行为方式，人们可以根据人的外现出来的习惯化了的特征来判断人的性格差别。

性格与个性在心理学上不是同一个词，但在判断一个人的优劣长短时，常常是合在一块儿使用的。

例 1 性格决定命运

孙策，是三国时东吴的创建人，他凭借自己的勇敢、机智、勇猛、待人处事取得了一定的成就。他的发展潜力也极为惊人，在其父死后，他能在手中无兵马的情况下用自身的条件借来兵，然后开疆拓土，在短短的五六年中，竟能使江东六郡八十一洲俯首称臣，这实在令人钦佩。但是，他的功勋、号召能力和地位均不如魏国丞相曹操，因为他性格暴躁而刚强。

吕布，勇猛异常，论武功，吕布在三国中无人可与之并驾齐驱。但此人乃豺狼虎豹也，又喜欢贪别人的便宜，忘恩负义，只要给他好处，他可以给任何人效力，那时候的他就会忘掉之前供其食禄的人，或者杀掉他或者反对他，曹操曾说：布虽勇猛绝伦，但其狼心狗肺，留之则伤人也，不如趁早除之，免为后患！

孙策在手中无兵马的情况下，创造性地用好自身条件，开创了一片疆土。不难看出孙策与吕布不同的性格，造就了两个截然不同的人物，他们的结局也截然不同。

例 2 希尔伯特的性格

数学家希尔伯特从小就让双亲担心，因为他记忆东西非常困难。他的一位亲戚曾经回忆说："全家都认为他的脑子有点怪，他的母亲要帮他写作文，可是他却能给他的老师讲解数学问题。家里没有一个人真正了解他。"

希尔伯特当了教授后也是这样。有一次，他认为他的助手赫克的工资太低，决定去柏林找文化部长交涉这件事。可是当他谈完其他事务后，却一时记不起来还有件什么事必须对部长说。于是把他那光光的脑袋伸到窗外，向在楼下等他的夫人喀娣喊叫："喀娣，喀娣！我必须要说的那件事是什么呀？""赫克！"喀娣抬头回应道："大卫·赫克！"部长见状，大吃一惊。也许这一惊，倒使部长爽快地同意给赫克涨一倍的工资。希尔伯特高兴得乐不可支。

还有一件小事也很能说明希尔伯特的性格。1914 年 8 月，德国悍然发动战争，占领了西边小国比利时。全世界知名知识界人士莫不表示愤慨。德国政府为了证明其行为是正义的，让德国一批最著名的科学家、艺术家们发表了一个臭名昭著的《告文明世界书》。《告文明世界书》开头的第一句话就是："说德国发动了这场战争，这不是事实。"还说："德国侵犯了比利时的中立，这不是真实的。"简直是欲盖弥彰，谎言连篇，真乃不知天下有羞耻之事。但奇怪的是，德国许多著名科学家、艺术家还在上面签了字，其中包括普朗克、能斯脱、伦琴、维恩、克莱茵等人。但希尔伯特和爱因斯坦没有签名。爱因斯坦因为同时是一位瑞士公民，问题还不严重。而希尔伯特却是地道的德国人。于是大家都鄙视他，称他为"卖国贼"，连许多学生都不听他的课，表示抗议。但是不久之后，普朗克、克莱茵等人都后悔不迭，觉得他们由于冒失，做了不可饶恕的错误事情。

这说明希尔伯特是个“小事糊涂、大事不糊涂”的人。

例 3 在决斗中保持冷静的欧玛尔

欧玛尔是英国历史上一位著名的剑术高手，他有一个实力相当的对手，两个人互相挑战了30年，却一直难分胜负。有一次，两个人正决斗的时候，欧玛尔的对手不小心从马上摔了下来，欧玛尔看见机会来了，立即拿着剑从马上跳到他的身边，这时欧玛尔只要一剑刺去，他就能赢得这场比赛了。欧玛尔的对手眼看着自己就要输了，因此感到非常愤怒，情急之下就朝欧玛尔的脸上吐了一口唾沫，这不但是为了表达自己的怒气，也是为了要羞辱欧玛尔。没想到，欧玛尔在脸上被对手吐了唾沫之后，反而停下来对他的对手说：“你起来，我们明天再进行这场决斗。”欧玛尔的对手面对这个突如其来的举动，感到相当诧异，一时间显得有点不知所措。

欧玛尔对这位缠斗了30年的对手说：“这30年来，我一直训练自己，让自己不带一丝一毫的怒气作战，因此，我才能在决斗中保持冷静，并且立于不败之地。刚才，就在你向我吐唾沫的那一瞬间，我知道自己生气了，要是在这个时候杀死你，我一点都不会有获得胜利的感觉。所以，我们的决斗明天再开始。”

可是，他们之间的决斗再也没有开始。因为欧玛尔的对手从此以后变成了他的学生，他也想学会如何不带着怒气作战。

培养良好性格的方法：

有的放矢，针对不同情况和人的个体差异，进行不同性格的教育培养。

例如，对于自高自大、自尊心强的人，可以利用其上进心，促使他看到自己的不足，虚心向他人学习。

对于自卑的人，不要过多责备，要让他多参加力所能及的活动，促其能够看到自己的优点和能力，增强自信。

在学习中，要培养自己勤奋刻苦、认真和严肃的性格品质；在业余爱好中，努力培养奋进、进取的精神和灵活的思维方式；在生活中，要培养自己关心他人、尊重师长等良好的性格品质。

对于具有独立性差、易受暗示的性格特征的同学，要加强独立性的培养，引导他们培养独立思考和解决问题的能力。

对于独立意识强、善于表现的同学，要加强他们团结友爱、集体意识性格的培养。

参考书目

[1] 皮发万. 学习与创造力开发［M］. 重庆：重庆大学出版社，2009.

[2] 皮发万. 创新［M］. 重庆：重庆出版社，2012.

[3] 问道，王非. 思维风暴［M］. 北京：华文出版社，2009.

[4] 曾国平. 让思维再创新［M］. 重庆：重庆大学出版社，2009.

[5] 曾国平. 智商情商手拉手［M］. 北京：中国民主法制出版社，2007.

[6] 肖云龙. 创造学［M］. 长沙：湖南大学出版社，2004.

[7] 王道渝，等. 创造力开发读本［M］. 重庆：重庆出版社，2003.

[8] 周宏，高长梅. 创造教育全书［M］. 北京：经济日报出版社，1999.